"十四五"国家重点出版物出版规划项目
交通运输科技丛书·公路基础设施建设与养护
跨海交通集群工程智能化运维系列丛书

港珠澳大桥
智能化运维标准体系

汪劲丰　景强　陈春雷　聂新跃　李书亮　著

人民交通出版社

北京

内 容 提 要

本书依托国家重点研发计划项目"港珠澳大桥智能化运维技术集成应用"部分研究成果编写，是"跨海交通集群工程智能化运维系列丛书"中的一本。

本书面向港珠澳大桥智能化运维需求，以数据赋能运维业务全流程，提升运维效率、降低成本为目标，在对交通基础设施运维数字化、智能化和标准化等技术背景进行分析的基础上，阐述了桥岛隧智能运维标准体系的构建思路、过程和结果；介绍了桥梁、隧道、人工岛及交通工程设施的结构组成层级划分及结构特征、结构初始状态、结构用材等信息的深度及规范化描述；叙述了桥梁、隧道、人工岛及交通工程设施的结构监测与检测、评定与养护、交通运营与管理等业务流程、智能装备与技术及相应数据标准化等内容；提出了桥岛隧运维阶段信息模型交付过程、交付形式、交付内容以及不同场景下的模型应用要求。

本书可供从事水利、交通等基础设施智能化运维工作的技术人员和研究人员参阅。

图书在版编目(CIP)数据

港珠澳大桥智能化运维标准体系 / 汪劲丰等著. —北京：人民交通出版社股份有限公司，2024.5
(跨海交通集群工程智能化运维系列丛书)
ISBN 978-7-114-19314-9

Ⅰ.①港… Ⅱ.①汪… Ⅲ.①跨海峡桥—桥梁工程—工程管理—标准体系—中国 Ⅳ.①U448.19-65

中国国家版本馆 CIP 数据核字(2024)第 025190 号

Gang-Zhu-Ao Daqiao Zhinenghua Yunwei Biaozhun Tixi

书 名：	港珠澳大桥智能化运维标准体系
著 作 者：	汪劲丰 景 强 陈春雷 聂新跃 李书亮
责任编辑：	潘艳霞 丁 遥 侯蓓蓓
责任校对：	刘 芹
责任印制：	刘高彤
出版发行：	人民交通出版社
地 址：	(100011)北京市朝阳区安定门外外馆斜街 3 号
网 址：	http://www.ccpcl.com.cn
销售电话：	(010)59757973
总 经 销：	人民交通出版社发行部
经 销：	各地新华书店
印 刷：	北京市密东印刷有限公司
开 本：	787×1092 1/16
印 张：	12.25
字 数：	189 千
版 次：	2024 年 5 月 第 1 版
印 次：	2024 年 5 月 第 1 次印刷
书 号：	ISBN 978-7-114-19314-9
定 价：	75.00 元

(有印刷、装订质量问题的图书，由本社负责调换)

交通运输科技丛书编审委员会

（委员排名不分先后）

顾　问：王志清　汪　洋　姜明宝　李天碧

主　任：庞　松

副主任：洪晓枫　林　强

委　员：石宝林　张劲泉　赵之忠　关昌余　张华庆

　　　　郑健龙　沙爱民　唐伯明　孙玉清　费维军

　　　　王　炜　孙立军　蒋树屏　韩　敏　张喜刚

　　　　吴　澎　刘怀汉　汪双杰　廖朝华　金　凌

　　　　李爱民　曹　迪　田俊峰　苏权科　严云福

跨海交通集群工程智能化运维系列丛书
编审委员会

主　任：郑顺潮

副主任：（排名不分先后）

　　　　　陈　纯　　张建云　　岳清瑞　　叶嘉安

　　　　　滕锦光　　宋永华　　戴圣龙　　沙爱民

　　　　　方守恩　　张劲泉　　史　烈　　苏权科

　　　　　韦东庆　　张国辉　　莫垂道　　李　江

　　　　　段国钦　　景　强

委　员：（排名不分先后）

　　　　　汤智慧　　苗洪志　　黄平明　　潘军宁

　　　　　杨国锋　　蔡成果　　王　罡　　夏　勇

　　　　　区达光　　周万欢　　王俊骅　　廖军洪

　　　　　汪劲丰　　董　玮　　周　波

《港珠澳大桥智能化运维标准体系》编写组

丛书总主编：景　强

主　　　编：汪劲丰　景　强　陈春雷　聂新跃
　　　　　　李书亮

参　　　编：（排名不分先后）
　　　　　　韦东庆　麦权想　任家伟　张永军
　　　　　　于　辉　李　岩　矫钰文　徐荣桥
　　　　　　潘剑超　梅振宇　张　鹤　王金昌

编写单位：港珠澳大桥管理局
　　　　　　浙江大学
　　　　　　云基智慧工程股份有限公司

总序 GENERAL FOREWORD

科技是国家强盛之基，创新是民族进步之魂。中华民族正处在全面建成小康社会的决胜阶段，比以往任何时候都更加需要强大的科技创新力量。党的十八大以来，以习近平同志为核心的党中央做出了实施创新驱动发展战略的重大部署。党的十八届五中全会提出必须牢固树立并切实贯彻创新、协调、绿色、开放、共享的发展理念，进一步发挥科技创新在全面创新中的引领作用。在最近召开的全国科技创新大会上，习近平总书记指出要在我国发展新的历史起点上，把科技创新摆在更加重要的位置，吹响了建设世界科技强国的号角。大会强调，实现"两个一百年"奋斗目标，实现中华民族伟大复兴的中国梦，必须坚持走中国特色自主创新道路，面向世界科技前沿、面向经济主战场、面向国家重大需求。这是党中央综合分析国内外大势、立足我国发展全局提出的重大战略目标和战略部署，为加快推进我国科技创新指明了战略方向。

科技创新为我国交通运输事业发展提供了不竭的动力。交通运输部党组坚决贯彻落实中央战略部署，将科技创新摆在交通运输现代化建设全局的突出位置，坚持面向需求、面向世界、面向未来，把智慧交通建设作为主战场，深入实施创新驱动发展战略，以科技创新引领交通运输的全面创新。通过全行业广大科研工作者长期不懈的努力，交通运输科技创新取得了重大进展与突出成效，在黄金水道能力提升、跨海集群工程建设、沥青路面新材料、智能化水面溢油处置、饱和潜水成套技术等方面取得了一系列具有国际领先水平的重大成果，培养了一批高素质的科技创新人才，支撑了行业持续快速发展。同时，通过科技示范工程、科技成果推广计划、专项行动计划、科技成果推广目录等,推广应用了千余项科研成果,有力促进了科研向现实生产力转化。组织出版"交通运输建设科技丛书",是推进科技成果公开、加强科技成果推广应用的一项重要举措。"十二五"期间,该丛书共出版72册,全部列入"十二五"国家重点图书出版规划项目,其中12册获得国家出版基金支持,6册获中华优秀出版物奖图书提名奖,行业影响力和社会知名度不断扩大,逐渐成为交通运输高端学术交流和科技成果公开的重要平台。

"十三五"时期,交通运输改革发展任务更加艰巨繁重,政策制定、基础设施建设、运输管理等领域更加迫切需要科技创新提供有力支撑。为适应形势变化的需要,在以往工作的基础上,我们将组织出版"交通运输科技丛书",其覆盖内容由建设技术扩展到交通运输科学技术各领域,汇集交通运输行业高水平的学术专著,及时集中展示交通运输重大科技成果,将对提升交通运输决策管理水平、促进高层次学术交流、技术传播和专业人才培养发挥积极作用。

当前,全党全国各族人民正在为全面建成小康社会、实现中华民族伟大复兴的中国梦而团结奋斗。交通运输肩负着经济社会发展先行官的政治使命和重大任务,并力争在第二个百年目标实现之前建成世界交通强国,我们迫切需要以科技创新推动转型升级。创新的事业呼唤创新的人才。希望广大科技工作者牢牢抓住科技创新的重要历史机遇,紧密结合交通运输发展的中心任务,锐意进取、锐意创新,以科技创新的丰硕成果为建设综合交通、智慧交通、绿色交通、平安交通贡献新的更大的力量!

2016年6月24日

序 | FOREWORD

　　港珠澳大桥是世界上具有标志性意义的超大型跨海交通集群工程，它实现了香港、澳门与珠海的陆路互联互通，体现了自然和谐共生的绿色理念，其建设的艰巨性、复杂性、特殊性史无前例，是我国从交通大国迈向交通强国的里程碑工程，是中国技术走向世界的国家名片。港珠澳大桥建设难，实现智能运维更难，面对长周期、大流量、高可靠、高效能的系统性需求，其解决方案是什么？答案在标准化。

　　数据标准成就了数字大桥。港珠澳大桥是粤港澳三地合作共建共管的跨海集群工程，其结构元素多、工程规模大、技术复杂度高、服役年限长（120年），使其运维工作量和工作难度倍增。实现大桥高质量运维的根本途径，是应用大数据和人工智能技术，打破传统运维工作中长期存在的"信息孤岛"，实现多源异构数据跨业务协同与互联。而打通数据生成、采集、应用全链条，首先需要构建桥岛隧智能运维数据标准，数据标准成为数字大桥的重要基石。

　　标准化引领了智能运维。港珠澳大桥建设主体以创新为动力，以关键任务为抓手，以数据为核心，统筹融合数字大桥工程与智能化运维系统，构建了《港珠澳大桥智能化运维标准体系》。该标准体系包括建设指南1项和通用基础类、交通基础设施类、维养业务类、运营业务类、智能化支撑类、信息模型类等6大类共36项标准，支撑了多源异构三维数据模型构建及其在典型运维场景下的应用，促进了检测与评定、养护与决策、应急与预警等运维核心业务数字化转型，实现了5G通信、北斗定位、边缘计算、无人机、无人船、机器人等通信技术和智能化技术在跨海大桥运维工作中广泛应用。标准化与科技创新的深度融合统领了跨海大桥的智能运维。

《港珠澳大桥智能化运维标准体系》创造了最佳实践。作为国家重点研发计划"港珠澳大桥智能化运维技术集成应用"项目的重要研究成果，该标准体系贯穿了新基建九大应用场景全过程和技术全要素，涵盖了重大基础设施运维所涉及的各项核心业务，应用场景全面，完整体现了跨海集群基础设施运维对数字化、智能化发展的需求，在中国交通运输领域新型重点基础设施"粤港澳跨海智慧通道工程"上得到了成功应用。特别是，该标准体系作为"湾区标准"建设三大样板工程之一，通过粤港澳三地共建、共用、共享，在推进互联互通和融合发展的同时，也将提升我国跨海集群设施智能运维技术的国际影响力。

《港珠澳大桥智能化运维标准体系》具有较强的推广价值。该标准体系构建是标准化创新的一个典范，展示了通过标准化引领重大基础设施运维管理的数字化、智能化转型，反映了中国新型标准体系巨大的发展空间和应用需求。本书出版不仅适用于跨海集群基础设施建设与运维管理，也为包括公路数字化转型、智慧公路建设等在内的其他基础设施建设与运维管理提供有价值的参考。希望通过本书出版，在工程建设乃至更多领域发挥示范作用，释放出高标准引领高质量发展的更大效能。

2024 年 5 月 7 日

前言 |PREFACE|

  港珠澳大桥地处珠江口伶仃洋海域，是现今世界上建设规模最大、运营环境最复杂的跨海集群工程，代表了我国跨海集群工程建设的最高水平。为攻克跨海重大交通基础设施智能运维技术瓶颈，示范交通行业人工智能和新基建技术落地应用，港珠澳大桥管理局统领数十家参研单位，依托国家重点研发计划"港珠澳大桥智能化运维技术集成应用"、广东省重点领域研发计划"重大跨海交通集群工程智能安全监测与应急管控"、交通运输领域新型基础设施建设重点工程"数字港珠澳大桥"、交通强国建设试点任务"用好管好港珠澳大桥"等开展技术攻关，将港珠澳大桥积极探索智能运维方面的关键技术进行提炼，共同撰写了"跨海交通集群工程智能化运维系列丛书"。丛书的出版，对促进传统产业与新一代信息技术融通创新具有重要意义，为国内外跨海集群工程智能化运维提供了丰富的借鉴和参考。

  为攻克跨海重大交通基础设施智能运维技术瓶颈，示范交通行业人工智能和新基建技术落地应用，港珠澳大桥管理局与参研单位联合攻关，规划构建了"港珠澳大桥智能化运维数据标准体系"，旨在为运维信息大数据建立技术与数据相融合的标准，打破运维过程中长期存在的"信息孤岛"，打通数据生产、采集、应用全链条，实现多源大数据间的协同互联，为真正实现物理大桥到数字大桥的映射提供依据和导则，指导跨海交通基础设施智能运维新基建的数字化能力建设，从而以智能化运维新基建全面赋能营运期的交通基础设施，大幅提升运维管理水平，达到降本增效、延长交通基础设施寿命的目的。

  标准体系是对港珠澳大桥智能化运维科研攻关和工程实践中形成的新方法、

新技术成果的总结提炼，通过标准化实现科研创新成果的转化和推广应用，为交通基础设施数字化"新基建"提供标准化支撑。随着港珠澳大桥、南沙大桥、深中通道等一系列大湾区跨海集群工程建设完成，标准体系将进一步服务于大湾区基础设施互联互通和智能运维技术升级，助力粤港澳大湾区经济建设和发展。

本书围绕跨海集群工程高水准运维的实际需求，提出了以智能技术赋能跨海集群工程运维的可能性和必要性，对智能化运维标准体系的构建思路进行了阐述，可为其他领域的标准体系建设提供参考。同时本书概述了标准体系中各类标准的定位、编写背景以及主要内容，对标准中所涉及的关键数据进行了举例说明，有利于标准的实施应用与推广。

全文共分9章：第1章为绪论，介绍了智能化运维标准体系的概况，并对交通基础设施智能化运维发展的国内外研究现状进行了简单介绍，还介绍了标准体系的主要工作；第2章介绍了标准体系构建，并介绍了标准体系的技术路线、框架、思路等内容；第3~8章介绍了通用基础类标准、交通基础设施类标准、维养业务类标准、运营业务类标准、智能化支撑类标准、信息模型类标准的内容，并对每本标准的编写背景进行了介绍，最后还对标准内容进行了应用举例；第9章总结了标准体系，并提出了展望。

限于作者的水平和经验，书中错漏之处在所难免，恳请读者批评指正。

作　者

2024年1月

目录 CONTENTS

第 1 章　绪论

1.1　交通基础设施智能化运维技术……………………………………002
1.2　智能化运维数据标准建设意义………………………………………003
1.3　智能化运维标准体系概况……………………………………………005

第 2 章　标准体系构建

2.1　概述……………………………………………………………………008
2.2　构建思路………………………………………………………………009
2.3　标准制定流程…………………………………………………………010
2.4　智能运维数据标准化方法……………………………………………011
2.5　智能运维技术参考模型………………………………………………014
2.6　智能运维标准参考模型………………………………………………015
2.7　标准体系总体结构……………………………………………………017
2.8　本章小结………………………………………………………………020

第 3 章　通用基础类标准

3.1　概述……………………………………………………………………022

3.2 数据表达通用规则⋯⋯⋯⋯⋯⋯⋯⋯⋯⋯⋯⋯⋯⋯⋯⋯⋯⋯⋯⋯⋯⋯⋯⋯ 022
　　3.2.1 编写背景⋯⋯⋯⋯⋯⋯⋯⋯⋯⋯⋯⋯⋯⋯⋯⋯⋯⋯⋯⋯⋯⋯⋯ 022
　　3.2.2 主要内容⋯⋯⋯⋯⋯⋯⋯⋯⋯⋯⋯⋯⋯⋯⋯⋯⋯⋯⋯⋯⋯⋯⋯ 023
　　3.2.3 应用举例⋯⋯⋯⋯⋯⋯⋯⋯⋯⋯⋯⋯⋯⋯⋯⋯⋯⋯⋯⋯⋯⋯⋯ 024
3.3 信息分类和编码⋯⋯⋯⋯⋯⋯⋯⋯⋯⋯⋯⋯⋯⋯⋯⋯⋯⋯⋯⋯⋯⋯⋯ 028
　　3.3.1 编写背景⋯⋯⋯⋯⋯⋯⋯⋯⋯⋯⋯⋯⋯⋯⋯⋯⋯⋯⋯⋯⋯⋯⋯ 028
　　3.3.2 主要内容⋯⋯⋯⋯⋯⋯⋯⋯⋯⋯⋯⋯⋯⋯⋯⋯⋯⋯⋯⋯⋯⋯⋯ 029
　　3.3.3 应用举例⋯⋯⋯⋯⋯⋯⋯⋯⋯⋯⋯⋯⋯⋯⋯⋯⋯⋯⋯⋯⋯⋯⋯ 031
3.4 本章小结⋯⋯⋯⋯⋯⋯⋯⋯⋯⋯⋯⋯⋯⋯⋯⋯⋯⋯⋯⋯⋯⋯⋯⋯⋯⋯ 033

第 4 章　交通基础设施类标准

4.1 概述⋯⋯⋯⋯⋯⋯⋯⋯⋯⋯⋯⋯⋯⋯⋯⋯⋯⋯⋯⋯⋯⋯⋯⋯⋯⋯⋯⋯ 036
4.2 结构共用要素⋯⋯⋯⋯⋯⋯⋯⋯⋯⋯⋯⋯⋯⋯⋯⋯⋯⋯⋯⋯⋯⋯⋯⋯ 036
　　4.2.1 编写背景⋯⋯⋯⋯⋯⋯⋯⋯⋯⋯⋯⋯⋯⋯⋯⋯⋯⋯⋯⋯⋯⋯⋯ 036
　　4.2.2 主要内容⋯⋯⋯⋯⋯⋯⋯⋯⋯⋯⋯⋯⋯⋯⋯⋯⋯⋯⋯⋯⋯⋯⋯ 037
　　4.2.3 应用举例⋯⋯⋯⋯⋯⋯⋯⋯⋯⋯⋯⋯⋯⋯⋯⋯⋯⋯⋯⋯⋯⋯⋯ 039
4.3 结构分解⋯⋯⋯⋯⋯⋯⋯⋯⋯⋯⋯⋯⋯⋯⋯⋯⋯⋯⋯⋯⋯⋯⋯⋯⋯⋯ 043
　　4.3.1 编写背景⋯⋯⋯⋯⋯⋯⋯⋯⋯⋯⋯⋯⋯⋯⋯⋯⋯⋯⋯⋯⋯⋯⋯ 043
　　4.3.2 主要内容⋯⋯⋯⋯⋯⋯⋯⋯⋯⋯⋯⋯⋯⋯⋯⋯⋯⋯⋯⋯⋯⋯⋯ 044
　　4.3.3 应用举例⋯⋯⋯⋯⋯⋯⋯⋯⋯⋯⋯⋯⋯⋯⋯⋯⋯⋯⋯⋯⋯⋯⋯ 045
4.4 交通土建工程材料⋯⋯⋯⋯⋯⋯⋯⋯⋯⋯⋯⋯⋯⋯⋯⋯⋯⋯⋯⋯⋯⋯ 050
　　4.4.1 编写背景⋯⋯⋯⋯⋯⋯⋯⋯⋯⋯⋯⋯⋯⋯⋯⋯⋯⋯⋯⋯⋯⋯⋯ 050
　　4.4.2 主要内容⋯⋯⋯⋯⋯⋯⋯⋯⋯⋯⋯⋯⋯⋯⋯⋯⋯⋯⋯⋯⋯⋯⋯ 050
　　4.4.3 应用举例⋯⋯⋯⋯⋯⋯⋯⋯⋯⋯⋯⋯⋯⋯⋯⋯⋯⋯⋯⋯⋯⋯⋯ 052
4.5 本章小结⋯⋯⋯⋯⋯⋯⋯⋯⋯⋯⋯⋯⋯⋯⋯⋯⋯⋯⋯⋯⋯⋯⋯⋯⋯⋯ 058

第 5 章　维养业务类标准

5.1 概述⋯⋯⋯⋯⋯⋯⋯⋯⋯⋯⋯⋯⋯⋯⋯⋯⋯⋯⋯⋯⋯⋯⋯⋯⋯⋯⋯⋯ 060
5.2 结构健康监测⋯⋯⋯⋯⋯⋯⋯⋯⋯⋯⋯⋯⋯⋯⋯⋯⋯⋯⋯⋯⋯⋯⋯⋯ 060

		5.2.1 编写背景	060

5.2.1 编写背景 060
5.2.2 主要内容 061
5.2.3 应用举例 067

5.3 结构检测与评定 070
5.3.1 编写背景 070
5.3.2 主要内容 070
5.3.3 应用举例 079

5.4 维养决策 081
5.4.1 编写背景 081
5.4.2 主要内容 081
5.4.3 应用举例 083

5.5 养护工程 086
5.5.1 编写背景 086
5.5.2 主要内容 086
5.5.3 应用举例 088

5.6 本章小结 090

第6章 运营业务类标准

6.1 概述 092
6.2 面向公路数字化的智能巡查 092
6.2.1 编写背景 092
6.2.2 主要内容 093
6.2.3 应用举例 095

6.3 交通行为风险分类分级与智能识别 098
6.3.1 编写背景 098
6.3.2 主要内容 098
6.3.3 应用举例 100

6.4 基于雷达组群的道路全域交通数字孪生及风险预警 102
6.4.1 编写背景 102
6.4.2 主要内容 102

6.4.3　应用举例……………………………………………………………104

6.5　基于多元传感器的长封闭隧道内定位服务……………………………………107
　　　6.5.1　编写背景……………………………………………………………107
　　　6.5.2　主要内容……………………………………………………………107
　　　6.5.3　应用举例……………………………………………………………109

6.6　基于人机协同的运维应急技术…………………………………………………111
　　　6.6.1　编写背景……………………………………………………………111
　　　6.6.2　主要内容……………………………………………………………111
　　　6.6.3　应用举例……………………………………………………………114

6.7　安全营运数据汇聚与运维作业评价……………………………………………116
　　　6.7.1　编写背景……………………………………………………………116
　　　6.7.2　主要内容……………………………………………………………116
　　　6.7.3　应用举例……………………………………………………………119

6.8　本章小结…………………………………………………………………………119

第7章　智能化支撑类标准

7.1　概述………………………………………………………………………………122

7.2　基于机器视觉及无人平台的智能检测技术……………………………………123
　　　7.2.1　基于无人平台水下检测……………………………………………123
　　　7.2.2　基于巡检机器人和无人平台的桥梁结构典型病害
　　　　　　 检测评估与维养………………………………………………………126
　　　7.2.3　基于巡检机器人的沉管隧道内典型病害检测……………………132
　　　7.2.4　应用举例……………………………………………………………135

7.3　基于北斗的结构变位监测………………………………………………………135
　　　7.3.1　编写背景……………………………………………………………135
　　　7.3.2　主要内容……………………………………………………………136
　　　7.3.3　应用举例……………………………………………………………138

7.4　基于声学原理的铺面健康状况自动化巡检评估………………………………140
　　　7.4.1　编写背景……………………………………………………………140
　　　7.4.2　主要内容……………………………………………………………140

  7.4.3 应用举例 ·· 143

 7.5 本章小结 ··· 147

第 8 章　信息模型类标准

 8.1 概述 ··· 150

 8.2 信息模型交付 ·· 150

  8.2.1 编写背景 ·· 150

  8.2.2 主要内容 ·· 151

 8.3 信息模型应用 ·· 161

  8.3.1 编写背景 ·· 161

  8.3.2 主要内容 ·· 162

 8.4 应用举例 ··· 167

  8.4.1 信息模型交付 ··· 167

  8.4.2 信息模型应用 ··· 169

 8.5 本章小结 ··· 172

第 9 章　结论与展望

参考文献

索引

CHAPTER 1 | 第 1 章

绪论

1.1　交通基础设施智能化运维技术

充分有效的运营与维护是交通基础设施持久安全服役的基本保障,且直接关系到设计使用寿命、经济社会效益实现等。目前,我国交通基础设施运维仍处于初步发展阶段,对位于海洋条件下的跨海集群工程,其所处自然环境恶劣,状态感知困难,且海洋高温、高湿、高盐环境给材料与结构耐久性带来威胁,严重影响结构预期使用寿命。而行业目前的运维手段和技术水平仍存在诸多瓶颈,在运维数字化、无人化、自动化、智能化以及有效提升基础设施长期服役性能等方面面临诸多挑战。在交通基础设施检测方面,主要采用人工巡检及设备辅助的方式,人工巡检存在劳动强度大、检测可达性差、安全隐患多、误漏判率高这四大缺陷。极少数采用了无人机或机器人进行自动化检测的项目,也存在设备功能单一封闭、可靠性差、接口繁杂等制约其高效稳定使用的瓶颈问题。在交通基础设施监测方面,基于传统运维技术的监测,存在监测评估数据利用率低、无法实时反映设施整体服役状态、与维养实际工作脱节等问题。在交通风险管控方面,由于预警分类不清晰,预警分级标准不统一,风险预控防范大量依赖人力及主观判断,对突发事件有效检测率低,误报率高,缺乏稳定和精准的技术措施,不能达到"减少重大特大事故、降低事故率、减少人员及财产损失"的运营安全管理目标。在信息化建设方面,运维业务管理以人工为主,信息传递主要依靠纸质文件,可查阅、可追溯性差,从而导致日常运维效率低,突发情况应急处置能力弱。在数据治理及业务管理方面,由于未解决好海量多源异构运维数据标准统一、多业务协同调度的问题,多数实现信息化管理的项目数据利用率低、交互性差、信息孤岛多,难以实现数据交换和共享。

随着现代信息技术的不断发展,全球已跨入了"互联网+大数据"时代。在科技研发的顶层,国家重点研发计划"云计算和大数据"重点专项将在大数据通用设施、大数据应用软件、大数据分析与人工智能、云端数据融合与人机交互等四大方向上形成专利群,并形成若干国家/国际标准;在政策指导层面,大数据的实践作用也愈发凸显。在智能交通领域,大数据、智能化等技术的应用已经在交通基础设施建设、运行管理、交通政策制定等方面带来了改变,跨海通道交通基础设施运维已经从传统的信息化、无序发展向协调可持续、"五化"(数字化、自动化、无人化、集成化以及智能化)迈进。要实现智能化运维,需要在传统交通基础设施上,基于标准化数据,引入北斗定位、人工智能、大数据等技术,研发无人化维养装备,并以三维可视模型为载体,融合地理、环境、交通、材料、结构及运行业务等多维信息,建立孪生"数字大桥"(图1.1-1),实现对大桥物理结构与运行状态的映射,从而实现交通基础设施运维智联管理。

a)"物理大桥"　　　　　　　　　b)"数字大桥"

图 1.1-1　交通基础设施数字孪生

1.2　智能化运维数据标准建设意义

在跨海桥梁智能维养管理领域,国内外现有信息化管理系统的维养数据大多来源于常规人工目测或便携式仪器测量,检测手段原始,数据利用效率低下。部分大型桥梁,如青马大桥、杭州湾大桥,已开始利用桥梁结构健康监测与电子化管养手段,进行大量数据积累,但其数据价值尚未得到有效挖掘。在轨道交通领域,中国国家铁路集团有限公司以建设"数字铁路"为目标,使用三维信息模型构建大范围桥梁隧道信息化运维系统,研发并使用了综合检测设备。随着设施状态感知手段愈发丰富,数据体量急速膨胀,通过构建基于大数据技术的运维业务协同互联的一体化智能化管控平台,最大化发挥数据价值,调度运维资源,预测养护需求,实现维养业务协同联动,提高管理效率,是未来发展趋势。

多源数据互联融合与可视化是实现交通基础设施智能化运维的基础。然而当前的交通基础设施智能运维存在较大争议,突出问题是数据与交通基础设施各运维业务系统决策之间的脱节,其原因之一是交通基础设施数据标准的缺失。在房屋建筑、轨道交通等领域应用较多的建筑信息模型(BIM)技术和规范,主要应用在设计和施工阶段,在运维阶段的应用内容零散、缺位较为严重。此外,由于多源数据结构与表达方式缺乏统一标准,难以直接支撑无人检测、桥岛隧集群一体化评估、虚拟现实模拟、三维可视化等技术的集成应用。因此,数据标准体系制定、数据链路协同、数据治理机制等成为交通基础设施数据互联融合的研究热点。国内已形成《智慧城市数据融合》等系列标准,可为跨海集群设施运维业务数据互联融合提供借鉴。

数据标准是指保障数据定义和使用的一致性、准确性和完整性的规范性约束。建设数据标准是实现数据互联互通、构建大数据体系的基石。以桥梁结构数据为例,如果不同的业务系统对同一个结构对象的描述和表示不一致,会导致数据无法汇聚,业务系统之间无法实现数据的互联互通。在交通基础设施运维中,各业务系统对同一数据的表示会存在差异,因此,亟须建设数据标准,统一数据含义,减少信息冲突,实现信息共享,消除信息孤岛。

目前,我国已经发布了交通基础设施相关数据标准,如《交通信息基础数据元》系列标准,但尚缺乏支撑跨海集群交通基础设施的智能化运维相关标准。因此,需要制定完善的面向大型跨海集群设施智能化运维的数据标准体系,以提升交通基础设施运维发展智能化水平,增强运维服务能力与效率,为促进交通基础设施智能运维的绿色、可持续发展提供参考。数据标准建设意义见图1.2-1。

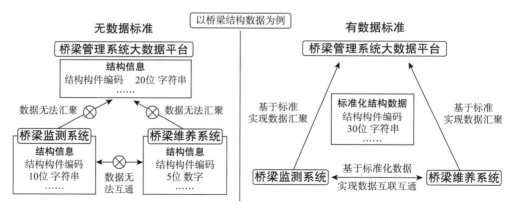

图1.2-1 数据标准建设意义示意图

1.3 智能化运维标准体系概况

交通运输部于2019年印发了《推进综合交通运输大数据发展行动纲要(2020—2025年)》(交科技发〔2019〕161号),力争到2025年实现综合交通运输大数据标准体系更加完善,基础设施、运载工具等成规模、成体系的大数据集基本建成的目标,通过有效的数据治理,推动行业数字化转型。

交通基础设施运维相关标准规范基本可以分为运维技术类标准、信息技术类标准、设备装备类标准三大类:

(1)运维技术类标准主要包括道路、桥梁、隧道等交通基础设施运维相关技术标准规范。目前已发布的此类标准侧重于检测、监测、设施技术状况评估、养护和维修加固等维养业务技术要求和操作规程,形成了较为系统的维养技术规范体系,如《公路桥涵养护规范》(JTG 5120—2021)、《公路桥梁加固施工技术规范》(JTG/T J23—2008)、《公路桥梁结构监测技术规范》(JT/T 1037—2022)、《公路隧道养护技术规范》(JTG H12—2015)等。

(2)行业内具有代表性的信息技术类标准是建筑信息模型(BIM)标准。BIM技术的本质是信息集成、传递和共享,以三维模型为基础实现设计、施工、运维全过程的可视化交互。目前,发展较为成熟的BIM标准有国际BIM标准技术框架IFC(Industry Foundation Class)、IDM(Information Delivery Manual)、IFD(International Framework for Dictionaries),以及由其衍生的各国标准,包括美国NBIMS、英国AEC(UK)BIM Standard、日本AIJ BIM、我国《建筑信息模型分类和编码标准》(GB/T 51269—2017)和《公路工程信息模型应用统一标准》(JTG/T 2420—2021)等。

(3)设备装备类标准主要为监控、检测业务服务,如《公路桥梁结构监测技术规范》(JT/T 1037—2022)对传感器技术参数、数据采集方法与数据格式进行了规定;《无人船水下地形测量技术规程》(CH/T 7002—2018)、《轻型有缆遥控水下机器人 第1部分:总则》(GB/T 36896.1—2018)等智能装备标准对无人船和水下机器人等载具、搭载的仪器设备提出了技术要求,并规定了作业过程及数据采集、处理等要求。

2018年,交通运输部对《公路养护工程管理办法》(交公路发〔2001〕327)进行了修订,我国公路养护理念从修复养护、主观决策向预防性养护、科学决策转变。养护管理从"点式管理"向"链条式管理"转变,随着养护理念更新完善,运维技术类标准将为建立现代公路养护管理体系,引领我国公路养护发展提供支撑。而运维技术方法以及仪器装备的数字化、智能化标准仍在起步阶段,BIM在工程应用中存在基础信息不统一所导致的"信息孤岛"和"信息-物理"不交互现象,需要全面系统地开展交通基础设施智能运维的技术、装备以及数据的全链路标准化工作。为此,开展智能运维技术装备攻关的同时,还需研究建设桥岛隧智能运维数据标准体系,将标准化流程化实施贯穿跨海集群工程智能化运维全过程,在设备制造、系统开发、平台搭建全面实行标准先行,在实施过程中不断总结经验,改进完善标准;通过标准体系在诸如港珠澳大桥等大型新型基础设施的建设实施,为跨海集群运维提供成套可复制、可推广的技术装备与数据治理体系,引领我国交通基础设施智能运维新业态建设,助推行业智能化产业发展。

在人工智能赋能的大数据时代,数据是交通基础设施智能化运维的核心资产,以跨海桥梁、沉管隧道、人工岛等交通基础设施运维的数据互联及业务协同为目标,跨海集群设施智能运维标准体系涵盖运维过程中的结构、监测、检测、维修、养护、运营、应急以及无人巡检等类别业务及数据的标准化。

CHAPTER 2 | 第 2 章

标准体系构建

2.1 概述

目前，我国交通基础设施运维作业与管理仍以人工为主，信息传递效率不高，查阅、追溯等较为不便，因此，运维效率有待进一步提升，突发情况应急处置能力有待进一步提高，设施安全运营无法得到有效保障。为了提高交通基础设施运维管理效率，降低运维成本，通过数字化技术为交通基础设施赋能是实现新型交通基础设施的重要手段。由于缺乏运维数据标准，多数现已开发运行的运维数字化系统存在数据利用率低、交互性弱、信息孤岛多、业务协同困难等诸多问题，需要制定完善的数据标准体系。在交通领域，已建成了交通运输物流、交通运输、绿色交通、水运工程、综合交通运输、公路工程、交通运输安全应急等标准体系，这些标准体系主要侧重交通运输、公路和水运等工程的技术标准化，对面向新型基础设施或大型跨海集群工程的智能运维中所需的业务协同、数据互联互通、虚拟可视化应用以及智能决策等需求尚不完全适用。基于对港珠澳大桥运维情况的认识以及智能运维需要，大型跨海集群工程的运维数据分为静态类和动态类数据，其中静态类数据主要包含桥梁、隧道、人工岛以及交通工程设施经层次化结构分解后的标识、几何等信息，动态类数据主要包含基于智能技术的运维过程中所涉及的监测、检测、维修、养护、巡查、应急以及评估等业务信息。

通过统一运维数据表示的格式，规范运维过程中各类业务数据的组织与表达，结合港珠澳大桥运维需求及国内外相关标准进行港珠澳大桥智能运维数据标准体系研究与标准制定工作的同时，推进标准实施，实现跨海集群运维全过程所涉及的对象和业务等数据的统一结构化表达，保障全链条数据完整性、一致性，解决数据关联、流通与共享问题，为运维及应急保障等业务的协同互联奠定基础，为设施服役性能演变过程预测及运维智能辅助决策等提供基础数据支撑。

2.2 构建思路

面向跨海集群设施智能运维的标准体系建设,需从业务出发,以现有成熟的智能化运维技术为支撑,将业务、技术以及数据进行融合,并形成标准。标准体系的构建需要从确定标准范围、分析业务需求、制定数据规范、设计标准体系、制定实施方案和推广应用等方面入手。

首先,需要明确标准体系的范围,包括要规范的业务领域和数据类型,以及要达到的目标和效果。跨海集群设施智能化运维标准体系需涵盖为运维业务提供静态的设施结构数据以及包含监测、检测、维养、交通、管理等全范围业务的动态数据,打破"信息孤岛",实现多维信息互通、多源数据协同互联,为新型数字化交通基础设施建设提供数据基础。

其次,通过对跨海集群工程智能运维业务进行深入演绎分析,了解业务需求和流程,确定需要融合的信息和信息来源,提取信息内容,形成数据对象。港珠澳大桥是一座联结香港、珠海和澳门的跨境大型桥梁,采用了先进的智能化运维技术和数据融合技术,将不同来源、不同类型的数据进行整合、分析和利用,以提高运维决策的准确性和可靠性,保障桥梁安全高效地运营。该技术具体内容包括业务数据收集(业务数据包括监测、检测、维养、运营、管理等数据)、数据分析(对采集到的数据进行处理、分析和挖掘,提取有用的信息,包括异常检测、趋势分析、预测模型等)、数据应用与决策(根据数据处理和分析的结果进行智能决策和行动,包括维修保养、状态评估、安全预警、调度指挥、虚拟决策等)。

最后,针对需要融合的数据类型,制定相应的数据规范并进行标准分类设计,形成标准体系,制定相应的更新迭代和实施方案,将标准体系推广应用到实际业务中,根据实际应用情况,不断优化和完善标准体系。通过智能化运维技术和数据融合技术的实施,以及相关标准的制定和推广,港珠澳大桥的运营和管理水平得到显著提升,同时也为国内大型基础设施的智能化运维和数据融合提供有益的借鉴和参考。

标准体系构建思路如图 2.2-1 所示。

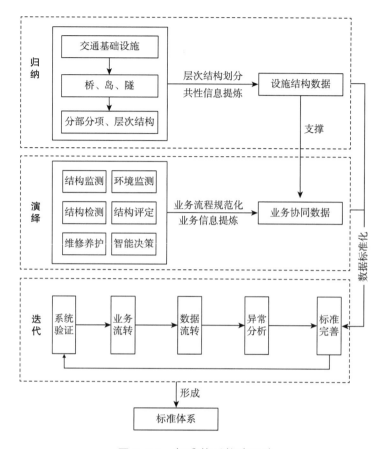

图 2.2-1　标准体系构建思路

2.3　标准制定流程

交通基础设施智能运维标准体系是对运维中结构的静态数据和各业务动态数据的标准化，通过对交通基础设施结构和业务特点及运维智能化需求进行分析，提炼全量业务信息，并统一组织和规范化表达，在试验平台上经过验证后，再在运维平台建设中经过迭代优化逐渐形成。具体标准制定流程（图 2.3-1）如下：

（1）针对交通基础设施集群结构信息，分析设施结构信息特性和组成，解决数据模型构建、数据模型应用层面的数据交换互通等问题，保证数据模型的精度一致性与符合性，为工程业务场景应用提供支撑。

（2）针对运维业务，对设施结构、环境与结构健康监测、日常运营与养护等所涉及的核心业务数据进行整理和分析，确定各类数据的认知程度，分别按编制、研编等方式进行标准制定，形成结构监测、运营管理、维修养护与巡查检测数据标准，解决业务数据协同问题，为实现运维业务的协同互联奠定基础。

（3）分析虚拟辅助决策系统和多技术融合三维可视化系统对于桥岛隧信息模型数据及检测监测数据的需求，建立集三维模型、虚拟辅助决策、多技术融合可视化等技术于一体的信息模型标准。

（4）设计并搭建专用测试模块和环境，对数据标准的完整性、易用性、扩展性等进行验证和优化。

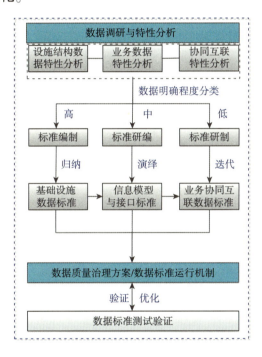

图 2.3-1　交通基础设施智能运维标准制定流程

2.4　智能运维数据标准化方法

跨海集群工程运维数据标准不仅仅是一套规范，而是一套由技术方法、业务流程、数据共同组成的体系，是通过这套体系逐步实现跨海集群工程运维信息标准化的过程。数据标准是在数据层面上对运维业务的统一规范,也是业务规范在数据层面上的实现,数据标准实施依赖于业务部门之间的共识,以及业务和技术之间的配合。数据标准化,需基于业务需要,分析出业务流程或框架,同时进一步提炼出每个业务点或节点的信息或所需要的信息,对信息进行有效组织,并对信息所涵盖的内容进行规范化定义。以桥梁结构为例,其数据提取与标准化如图 2.4-1 所示。

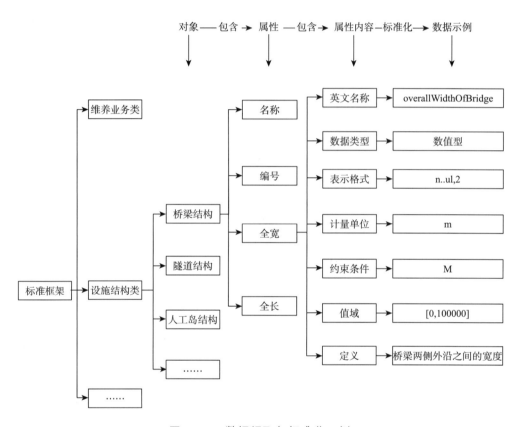

图 2.4-1 数据提取与标准化示例

在数据标准化过程中,除了需要对业务对象进行透彻的业务剖析、数据剖析外,通常还会同步研发相关的业务系统,除了服务于业务对象外,还可对标准化的数据进行符合性测试。标准的符合性测试通常从数据标准框架、元数据、数据元出发,对业务系统定义的数据结构、数据交换协议、数据质量等方面进行验证,通过符合性测试的业务系统,同步完成标准化升级,最终形成的数据标准赋能于各业务系统,实现业务系统间业务的互联互通以及数据的互联互通。数据标准化过程示例如图 2.4-2 所示。

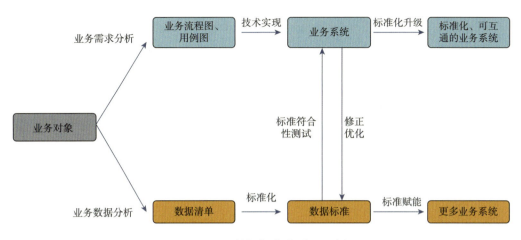

图 2.4-2　数据标准化过程示例

针对智能运维数据的标准化,可根据不同的业务与需求,分别对桥岛隧结构、结构信息分类和编码、维养核心业务以及信息模型等方面的内容进行标准化。桥岛隧结构数据标准化是对跨海集群工程的结构进行层级划分,形成结构对象,根据精细化管理和智能化运维需求,提取结构对象关键信息,并统一组织和数据规范化表达,为维养核心业务和信息在可视化模型上的应用提供基础数据支撑。结构信息分类和编码的标准化是对数据的表示格式、信息的分类和编码进行统一规定,为智能运维中的信息组织和数据表达提供基准。维养核心业务数据标准化是在桥岛隧结构数据标准化中所规范的结构静态数据基础上,对桥岛隧结构的监测、检测、评定、维修、养护、巡查、应急、运营、无人检测等技术进行规范,对业务流程进行统一规范,提取业务流程中所涉及的作业、任务、监(检)测、评估、维养与决策、装备、巡查作业、巡查结果、应急处置、风险预警、运营管理以及作业评价等信息,并统一组织和数据规范化表达。信息模型标准化是对为跨海集群工程智能运维的数字孪生提供载体的数字化模型的交付、应用等技术进行规范,基于结构信息分类和编码标准化中规范的信息编码、桥岛隧结构数据标准化中规范的交通土建工程结构及材料等标准化数据,结合智能运维数据可视化、虚拟决策需求以及信息模型构建方法,对信息模型交付流程、交付内容、应用场景以及应用方法等内容进行标准化。跨海集群工程智能运维数据标准化架构如图 2.4-3 所示。

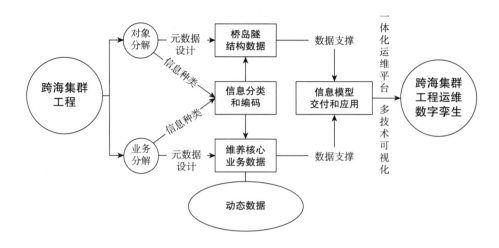

图 2.4-3　跨海集群工程智能运维数据标准化架构

2.5　智能运维技术参考模型

近年来,我国跨海集群工程总体上呈现数量多、投资大、类型多、跨度大、运营环境复杂等特点,依靠大量人力运维的传统模式已无法满足社会与行业对跨海集群工程高效、经济、安全运维的内生需求。随着新一代信息技术、人工智能、大数据等高新技术的兴起及应用,在智慧交通的大背景下,交通基础设施智能运维应运而生。吴刚等编著的《桥梁智慧运维》,对桥梁检测、监测、评估、维修加固等管养技术、全生命周期管养理论及相关技术标准的发展进行了回顾总结,对物联网、机器人、云计算、人工智能等新兴技术在桥梁管养中的应用进行了较为全面充分的分析论述,为交通基础设施智能运维梳理了技术体系现状和革新趋势,为本标准体系结构的形成提供了参考。

数据标准体系以跨海桥梁、沉管隧道、人工岛等交通基础设施运维的数据互联及业务协同为目标,通过制定数据与技术相融合的标准,对基础设施类、运维业务类、智能化支撑类以及信息模型类等多源、多维、异构信息要素进行科学化、标准化及模块化组织,注重无人机、无人艇、机器人、北斗及新一代无线通信等智能装备与技术在跨海交通基础设施维养领域的集成应用,解决桥岛隧交通基础设施及其运行状态的数字化映射和数据互联问题,为数字孪生和大数据驱动奠定基础,最终实现运维业务的高效协同与智能化。

依据智能运维系统的分层设计原则,技术参考模型分为基础设施、运维业务、智能化支撑、信息模型等组成部分,各组成部分的结构层次及逻辑关系如图2.5-1所示。

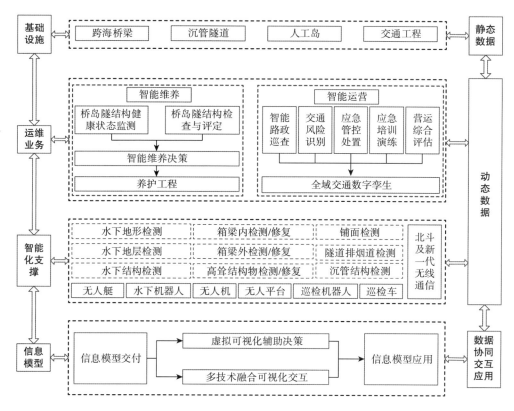

图 2.5-1　技术参考模型

2.6 智能运维标准参考模型

为了保障技术参考模型中各个部分工作的过程与结果的准确性、一致性,对其各部分的对象、过程或结果等进行相应的标准化,构建了标准参考模型,如图2.6-1所示。其中,建设指南确立了标准体系总体指导、体系结构、各项标准内容及范围、标准体系管理维护总体要求;标准参考模型各模块内容完整覆盖了技术参考模型各层次,其内容范围如下:

(1)通用基础类:对数据标准的通用基础内容提出规范要求,包括数据统一组织表达和信息分类编码等。

(2)交通基础设施类:对设施结构层级分解及各层级属性描述与组织等提出标准化要求,形成交通基础设施对象静态信息标准化数据集。

(3)维养业务类:对桥岛隧结构健康监测、结构检测与评估、维养决策、养护工程等环节的业务流程、全链条数据提出标准化要求,对结构评估、智能决策等新型技术方法进行规范。

(4)运营业务类:对路政巡查、交通监测与预警、运维应急、运维评估等环节的业务流程、全链条数据提出标准化要求,对交通监测预警、应急处置、运维评估等新型技术方法进行规范。

(5)智能化支撑类:对支撑跨海集群运维的智能化装备的作业流程及全链条数据提出标准化要求,对其功能性能、检验校准、技术方法等进行规范。

(6)信息模型类:对桥岛隧设施结构静态数据、运维业务动态数据、智能装备实体及作业数据提出信息模型构建规范要求,规定信息模型交付流程与交付结果;对信息模型在结构监测、结构检查、养护维修、运维应急等各类场景中交互应用数据输入输出和模型信息深度提出要求,为交通基础设施运维数字孪生的数据展示和数据应用标准化提供技术支撑。

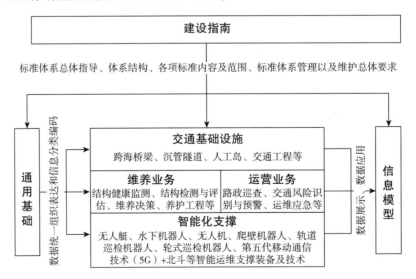

图 2.6-1 标准参考模型

2.7 标准体系总体结构

(1)结构层级

基于标准体系参考模型,根据标准适用范围和边界,提取共性标准置于上层,将桥岛隧全生命周期智能运维数据标准体系分为三个层级:

第一层为建设指南,明确标准体系总体指导,规定标准体系、体系结构、各项标准内容范围、标准管理维护的总体要求。

第二层为标准类别,按照专业门类、数据静动态属性等标准化活动性质不同,分为通用基础、交通基础设施结构、维养业务、运营业务、智能化支撑、信息模型等六个类别。

第三层为各项标准,按照标准化的对象类别、内容范畴、技术特点等明确各项标准的适用范围和边界,确立标准名称、规范性要素的构成及其技术内容的选取。

(2)标准构成

通用基础类标准规定了数据表达组织所遵循的共性要求,包括数据表达通用标准、桥岛隧工程信息分类和编码标准等,其他5类标准应在执行上述标准规定要求的基础上开展标准化工作。

交通基础设施类标准规范了跨海集群结构对象的分解及相应的静态属性,是数字化工程的基础,包括结构共用要素、桥梁结构、沉管隧道结构、人工岛结构、交通工程设施结构、交通土建工程材料等信息标准化描述与组织要求。

维养业务类标准按设施类型、业务类型等进行划分,包括结构健康监测、桥梁检测、沉管隧道检测、人工岛检测、桥梁评定、沉管隧道评定、人工岛评定、维养决策、桥梁养护工程、沉管隧道养护工程、人工岛养护工程等标准,规定监测、检测、评定、决策、养护等维养业务的技术方法、技术要求及相关数据的标准化。

运营业务类标准按业务类别和技术方法进行划分,包括面向公路数字化的智能巡查、交通行为风险分类分级与智能识别、基于雷达组群的道路全域交通数字孪生及风险预警、基于多元传感器的长封闭隧道内定位服务、基于人机协同的运维应急技术、安全运营数据汇聚与运维作业可靠性评价等标准,规定交通监测、风险识别、定位服务、运维应急、运维评价等运营业务的技术方法、技术要求及相关数据的标准化。

智能化支撑类标准按智能设备类型及技术能力进行划分,包括无人艇水下综合检测与后处理、基于水下机器人系统的水下结构检测与后处理、基于无人平台的桥梁钢结构外表面病害检测评估与维养、基于巡检机器人的钢箱梁内表面典型病害检测评估与维养、基于无人平台的桥梁混凝土结构表观病害检测评估与维养、基于巡检机器人的沉管隧道内典型病害检测评估与维养、基于北斗的结构变位监测、基于声学原理的铺面健康状况自动化巡检评估等标准,规定智能装备功能和性能、技术方法、作业过程及相关数据的标准化。

信息模型类标准按建模交付和模型应用两个阶段,划分为信息模型交付和信息模型应用等两项标准,对桥岛隧信息模型的标准化构建技术方法、交付内容、验收流程,以及各类运维场景下各环节过程可视化交互的模型信息深度、数据流程等进行规定。

各类标准所包含的标准化对象及主要内容要素如表 2.7-1 所示。

标准化对象及主要内容要素　　表 2.7-1

标准类别	标准化对象及主要内容要素
通用基础类	信息要素:交通基础设施信息、运维业务信息 内容要素:数据组织表达、信息分类编码
交通基础设施类	桥岛隧设施:跨海桥梁、沉管隧道、人工岛、交通工程设施等 内容要素:设施结构层级分解、各结构层级属性描述与组织
维养业务类	维养业务:结构健康监测、结构检查与评估、维养决策、养护工程等 内容要素:业务流程、业务数据、技术方法和要求
运营业务类	运营业务:路政巡查、交通监测与预警、运维应急、运维评估等 内容要素:业务流程、业务数据、技术方法和要求
智能化支撑类	智能化技术装备:无人艇、水下机器人、无人机、无人平台、巡检机器人等 内容要素:作业流程、作业数据、装备功能和性能、设备校验校准方法、智能化技术方法和要求
信息模型类	信息模型:桥岛隧设施及运维业务信息模型 内容要素:构建要求、交付流程、交付结果、信息深度、应用场景、数据的输入输出和展示与应用

港珠澳大桥智能化运维标准体系结构如图 2.7-1 所示。

第2章 标准体系构建

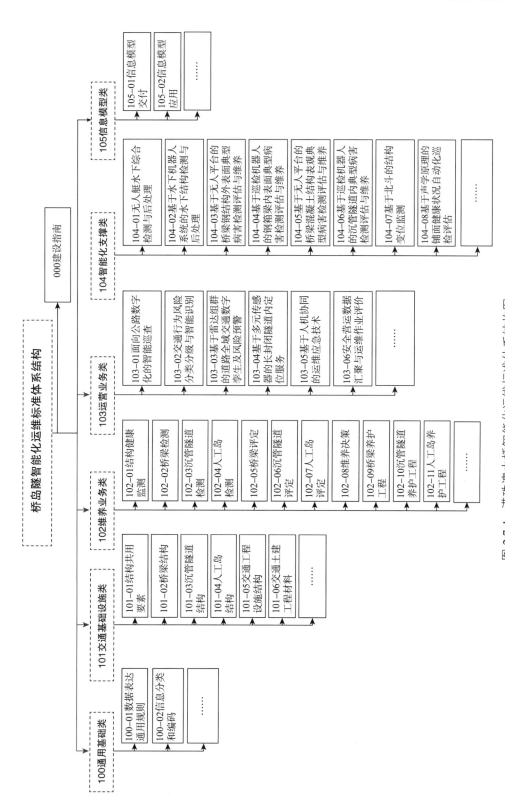

图 2.7-1 港珠澳大桥智能化运维标准体系结构图

2.8 本章小结

本章探讨了标准体系的构建思路、标准制定流程、智能运维数据标准化方法、智能运维技术参考模型、智能运维标准体系参考模型以及标准体系总体结构。桥岛隧智能运维数据标准整体框架和内容是在分析港珠澳大桥智能化运维需要、智能化技术与装备的成熟度以及对国内外交通基础设施运维相关调研的基础上确立的。通过标准体系整体框架设计，明确了跨海集群工程智能运维中所涉及的数据类别，阐述了标准体系中各类标准的标准化对象和标准化要素，智能运维数据标准体系建设是跨海集群工程数字化与智能化建设的前提和基础保障。

CHAPTER 3 | 第 3 章

通用基础类标准

3.1　概述

通用基础类标准主要对桥岛隧智能运维数据的表达与组织方法进行标准化,为桥岛隧智能运维数据标准体系所涵盖的交通基础设施结构类、维养业务类、运营业务类以及智能化支撑类等数据的组织、表达与管理提供基础;提出桥梁、隧道、人工岛以及交通工程设施经层次分解后的各类结构对象以及对应工程属性的分类、编码规则、编码应用等要求,为桥岛隧智能运维平台业务与数据的互联互通提供支撑,其包含的标准如图 2.7-1 所示。

3.2　数据表达通用规则

3.2.1　编写背景

随着信息化建设的不断深入,网络建设已经逐步过渡到以数据为中心的建设上,数据作为业务的中心,已成为信息化建设中最重要、最核心的内容之一。国内外各行业已广泛开展了数据标准化建设,而数据标准化建设主要包含数据自身的规范化以及数据结构的规范化。通过对数据及结构的规范化和标准化,不同用户可以对数据拥有一致的理解、表达和标识,可以有效实现和增进业务系统之间的数据共享与交换。交通、科技、制造等行业已经编写元数据或数据元相关规范,但目前还未有与桥岛隧全生命周期智能运维相关的数据标准。

在交通基础设施智能运维数据标准体系建设过程中,为了规范各运维业务信息的组织和数据表达方式,制定统一的数据表达通用规则十分有必要。在归纳整理国家各行业相关标准的基础上,采用数据元表达运维数据对象属性,对数据元进行分类组织并设计元数据,通过唯一编码核心数据元串联各元数据,形成元数据模型。

3.2.2 主要内容

数据表达通用标准适用于桥岛隧智能运维数据标准体系所涵盖的交通基础设施结构类、维养业务类、运营业务类以及智能化支撑类等数据的组织、表达与管理。

数据表达通用标准对交通基础设施全生命周期智能运维所涉及数据的通用结构化表达及组织方式等进行规定,包括桥岛隧全生命周期智能运维信息与组织、元数据、数据元以及元数据模型等。

(1) 信息的表达与组织

为了统一桥岛隧智能运维信息的表达与组织,规定了桥岛隧智能运维中各类业务信息的分解原则,并明确了采用元数据、数据元以及元数据模型对信息进行描述的数据标准化方法。元数据是定义和描述其他数据的数据,由一组数据元构成。数据元是由一个属性集合规定其定义、标识、表示和允许值的一个数据单元。元数据模型是以图形和文字对不同元数据之间关联关系的一种概括性描述。

(2) 元数据

元数据是构建桥岛隧智能运维数据标准的基本要素,通过将对象的一组属性进行有效组织,形成元数据,元数据为对象一组属性的集合,对象的属性是通过数据元来描述的。为了统一表达桥岛隧智能运维过程中对象的属性集,规定了元数据类型和内容、元数据中英文命名遵循的规则、元数据拆分的规则和拆分后的关联方式,并明确了元数据之间的关联规则和描述桥岛隧结构对象与业务对象唯一身份标识的唯一编码制定规则。

(3) 数据元

针对桥岛隧智能运维过程中各个对象属性,统一规定了数据对象内容表达的 9 项属性及描述规则,包含数据元中文名称、英文名称、数据类型、表示格式、计量单位、约束条件、值域、定义及备注等。

数据元中文名称以汉字表示,可加字母、数字等字符,不应包括任何空格、破折号、下划线或分隔符。英文名称不应包括任何空格、破折号、下划线或分隔符等。中英文名称在同一元数据内应唯一,字符个数不宜超过 30 个。数据类型为数据元取值的类型,分为字符型、数值型、日期型、日期时间型、日期时刻型、年月日期型、布尔型、二进制型和枚举型。数据元的表示格式是对数据元取值类型的进一步约束,包含对取值的长度、小数点位数等规定。计量单位应采用国际单位制,该属性的规定可支持数据元取值在不同系统平台的数据转换。约束条件是说明一个数据元是否必须选取的属性,包括条件可选项、必选项和可选项。值域为数据元的取值范围,值域可以是一个集合,数据元值域有可枚举值域和不可枚举值域两种类型。值域若为"/",则表示该数据元的取值无限制。定义是对数据元所表达的含义进行的解释描述。备注是对数据元的补充描述或说明。

(4)元数据模型

数据之间的关联关系在桥岛隧智能运维数据的共享与交换中起着重要作用。为了表达结构化数据之间的逻辑关系,统一规定了元数据之间的关联方式以及元数据模型的构建流程。元数据之间关系包含关联关系和扩展关联关系,关联是对象之间存在依赖的一种关系,扩展关联是对象在含有自身基本信息的基础上还包括其他相关信息的表达。关联关系和扩展关联关系是元数据通过引用另一个元数据的唯一编码数据元来表示的。元数据模型是基于桥岛隧智能运维中各类结构对象的层次划分和各类业务对象的流程构建的。在元数据模型中,应清楚表达各个元数据之间存在的关联关系和扩展关联关系。元数据模型包括各类结构对象元数据模型和各类业务单元元数据模型,为桥岛隧智能运维对象及业务之间逻辑关系的表达提供支撑。

3.2.3 应用举例

数据表达通用规则已在港珠澳大桥运行管理智联平台中得到应用,为数据中心的建设提供支撑,并为其他相关标准对数据组织与表达提供依据。以下针对元数据、数据元元数据之间关联关系以及元数据模型进行举例。

(1)元数据应用示例

以桥梁对象为例,桥梁对象相关信息包含名称、编号、桥梁性质、桥梁结构类型等,采用桥梁元数据进行描述,桥梁元数据如表 3.2-1 所示。

第3章 通用基础类标准

表 3.2-1 桥梁元数据

中文名称	英文名称	数据类型	表示格式	计量单位	约束条件	值域	定义	信息分类	备注
唯一编码	id	字符型	a..ul	—	M	/	标识桥梁的唯一编码	标识信息	
所属上级对象编码	upperLevelObjectId	字符型	a..ul	—	O	/	所属上级对象的唯一编码	标识信息	
名称	name	字符型	a..ul	—	M	/	桥梁对象的名称	标识信息	
编号	numbering	字符型	a..ul	—	M	/	桥梁对象的编号	标识信息	
桥梁全长	overallLengthOfBridge	数值型	n..ul,2	m	M	/	对于有桥台的桥梁为两岸桥台侧墙或八字墙尾段间的距离，对于无桥台的桥梁为桥面系的长度	几何信息	
桥梁性质	bridgeProperty	枚举型	n1	—	M	I1 永久性桥 I2 半永久性桥 I3 临时性桥	桥梁按建筑材料及使用年限而分的永久性、半永久性及临时性桥	设计信息	
桥梁结构类型	structureType	枚举型	n1	—	M	I1 梁式桥 I2 拱式桥 I3 斜拉桥 I4 悬索桥 I5 组合体系桥	按结构体系进行划分的桥梁的类型	设计信息	
……									……

注：数据表达通用规则对标准对表中的内容均有规定及描述，如 n1 表示值域的枚举数量不超过 2 位，M 表示必选项。

(2)数据元应用示例

数据元包括中文名称、英文名称、数据类型、表示格式、计量单位、约束条件、值域、定义以及备注等属性,以桥梁对象信息中的桥梁结构类型为例,如表 3.2-2 所示。

表 3.2-2 桥梁结构类型数据元示例

属性	内容
中文名称	桥梁结构类型
英文名称	structureType
数据类型	枚举型
表示格式	n1
计量单位	—
约束条件	M
值域	l1 梁式桥 l2 拱式桥 l3 斜拉桥 l4 悬索桥 l5 组合体系桥
定义	按结构体系进行划分的桥梁类型
备注	例如:1 表示桥梁的结构类型为梁式桥

(3)元数据关联关系应用示例

元数据之间关联关系包含关联和扩展关联两种符号,其中扩展关联是对象在含有自身基本信息的基础上还包括其他相关信息的表达,如图 3.2-1 所示。以桥梁对象为例,桥梁行政识别和行政单位类信息是对桥梁对象信息的补充或扩展,如图 3.2-2 所示。

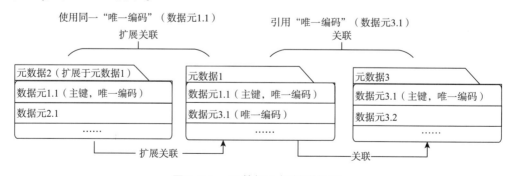

图 3.2-1 元数据之间关联关系

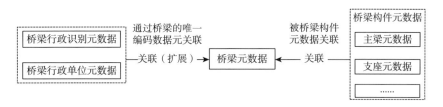

图 3.2-2　元数据之间关联关系示例

(4) 元数据模型应用示例

智能化运维元数据模型包含各类结构对象的元数据模型以及各类业务单元的元数据模型,如图 3.2-3 所示。

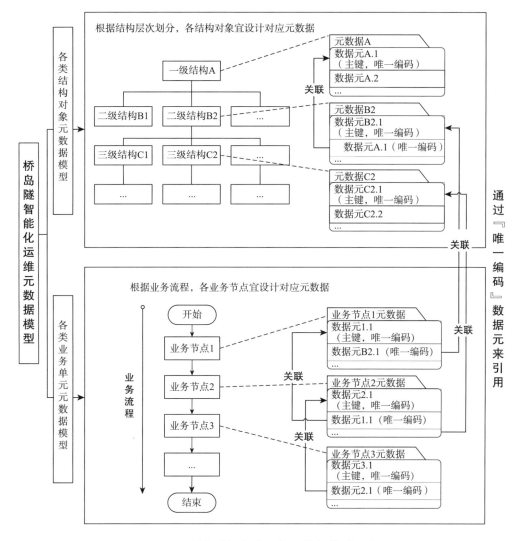

图 3.2-3　桥岛隧智能化运维元数据模型示意图

3.3 信息分类和编码

3.3.1 编写背景

信息分类与编码作为 BIM 技术标准中的语义标准,是指对特定范畴内信息的体系结构进行组织与描述的方法。通过统一的分类与编码,实现不同系统对信息理解一致。为了达到统一规范,国际标准组织(ISO)颁布了《建筑施工 施工信息组织 第二部分:信息分类框架》(ISO 12006-2)标准,为各国建立自己的建筑信息分类体系制定了基本框架,它提出了建筑信息分类体系的基本概念和术语,并描述了这些概念之间的关系,然后提出分类体系的框架,即分类表的组成和结构,但不提供具体的分类表。

2012 年,住房和城乡建设部将 BIM 标准列为国家标准制定项目,启动了建筑行业三个层次五本标准的制定工作。其中,作为第二层基础数据标准的《建筑信息模型分类和编码标准》(GB/T 51269—2017)将建筑工程分为建设成果、建设进程、建设资源、建设属性四大类,15 张分类表,每张分类表内部采用线分法,将分类对象分为一级类目"大类"、二级类目"中类"、三级类目"小类"和四级类目"细类"。该标准于 2017 年 10 月 25 日正式发布。2014 年,中国铁路 BIM 联盟发布了《铁路工程信息模型分类和编码标准(1.0 版)》。该标准将铁路工程分为建设资源、建设过程、建设成果、其他四大类,涉及铁路工程十几个专业。2021 年,交通运输部发布了《公路工程信息模型应用统一标准》(JTG/T 2420—2021)。该标准将信息模型中信息按成果、过程、资源、属性和其他方面进行分类,在《建筑信息模型分类和编码标准》(GB/T 51269—2017)基础上扩展了 8 张分类表,但缺少沉管隧道和人工岛的分类和编码。以上标准都以《建筑施工 施工信息组织 第二部分:信息分类框架》(ISO 12006-2)标准为框架,参考美国 NBIMS 标准,采用 OmniClass 分类方法,规范工程全生命周期内各阶段信息的分类、编码与组织,为实现不同系统对信息理解一致提供了支持。

随着 BIM 技术在公路工程项目中的不断深入应用,信息标准化的理解极其重要,然而目前各应用系统在设计上对信息的分类与编码都是各自独立的,系统之间互不兼容,增加了运维信息交换的难度,从而无法实现运维信息资源共享。因此,有必要对跨海集群工程运维信息进行统一的信息分类与编码,实现运维信息的综合利用,从而提高运维效率和管理水平。通用基础类标准紧扣桥岛隧全生命周期智能化运维、精细化管理及不同应用场景需求,对桥岛隧结构层级进行归类,对各结构层级所承载的属性信息进行归类,并规定了编码规则、编码方法、编码扩展及应用,给出分类编码表,形成信息分类和编码标准,为粤港澳大湾区交通基础设施智能运维提供标准支撑,促进和推动交通基础设施运维管理模式革新。

3.3.2 主要内容

港珠澳大桥工程信息分类体系依照《建筑施工 施工信息组织 第二部分:信息分类框架》(ISO 12006-2)的方法和框架制定。港珠澳大桥工程信息的分类、编码与管理是为了规范港珠澳大桥工程全生命期信息交换和共享。ISO 12006-2 是一个基于面分法的信息分类框架,在该框架的指导下,各个国家和地区根据自身的项目特点、管理流程等组织自己的完整的、具有可操作性的分类编码体系,即分类表与分类条目。同时调研了《建筑信息模型分类和编码标准》(GB/T 51269—2017)和《信息分类和编码的基本原则与方法》(GB/T 7027—2002),分析了港珠澳大桥工程信息的层次结构。港珠澳大桥工程信息的分类采用面分法和线分法相结合的混合分类法。面分法是将所选定的分类对象的若干属性或特征视为若干个"面",每个"面"中又可分为彼此独立的若干个类目。线分法是将分类对象分为一级类目"大类"、二级类目"中类"、三级类目"小类"和四级类目"细类"等层次结构的方法。

信息分类和编码标准基于混合分类法,对桥梁、隧道、人工岛以及交通工程设施的工程信息按结构及其层级分解、材料、标识、位置、类型、作用及参数指标属性等进行分类,对分类对象的编码结构、编码规则及编码应用进行规定,主要包含信息分类、编码结构以及编码扩展与应用原则等。

(1)信息分类

通过分析交通基础设施结构特点及智能运维的需求,将港珠澳大桥工程信息分为桥岛隧工程构件、桥岛隧工程属性以及桥岛隧工程材料,结构及信息需要进行层次化分解,分解后的结构及信息之间又存在相互独立的关系,因此,信息分类和编码标准采用混合分类法对港珠澳大桥工程信息属性进行了分类与编码,并在《建筑信息模型分类和编码标准》(GB/T 51269—2017)基础上扩展分类表代码,如表 3.3-1 所示。

港珠澳大桥工程信息分类表　　　　表 3.3-1

表代码	分类表名称
81	桥岛隧工程构件
86	桥岛隧工程属性
87	桥岛隧工程材料

注:1.81-桥岛隧工程构件:按功能特征对组成桥梁、隧道、人工岛和交通工程设施的构件进行层级分解并编码,不考虑它的技术实现方案、施工方法、材料组成等特性。
　　2.86-桥岛隧工程属性:对用于描述桥梁、隧道、人工岛和交通工程设施实体构件或者活动的特性进行了分类和编码。属性只对特指的工程实体构件有实际意义,如技术等级、结构类型、截面形式等。
　　3.87-桥岛隧工程材料:对桥梁、隧道、人工岛和交通工程设施实体构件所使用的材料进行了分类和编码。

(2)编码结构

在广泛调研国内外对信息的编码结构的基础上,如《基础地理信息要素分类与代码》(GB/T 13923—2006)、《建筑信息模型分类和编码》(GB/T 51269—2017)等,针对桥岛隧智能运维及精细化养护需求,遵循科学原则、兼容原则和动态原则,将港珠澳大桥工程信息分为 5 个层级,即一级、二级、三级、四级和五级,分别用数字顺序表示,每一级的信息类别各不相同,且类别数量不超过 99 个,因此,各级代码应采用 2 位阿拉伯数字表示。依据《建筑信息模型分类和编码》(GB/T 51269—2017)的规定,桥岛隧工程信息的分类与编码结构为"表代码-一级类目代码.二级类目代码.三级类目代码.四级类目代码.五级类目代码"。

(3)编码扩展与应用原则

扩展分类和编码时,应在保持本标准中已规定的类目和编码不变的前提下扩展类目和编。分类编码可根据工程需要扩展分类表和分类条目,扩展各层级类目代码时,应符合《信息分类和编码的基本原则与方法》(GB/T 7027—2002)的有关规定,表内扩展的分类条目宜选择合适的位置,且其代码应从 60 开始进行编码。

3.3.3 应用举例

在描述复杂对象时,采用逻辑运算符号联合多个编码一起使用,通常单个编码往往不一定能满足对象描述的要求,而需要借助运算符号来组织多个编码,实现精确描述和准确表达的目的,具体的编码应用方法应符合《建筑信息模型分类和编码》(GB/T 51269—2017)的相关规定。以下针对桥岛隧工程构件分类编码、桥岛隧工程属性分类编码、桥岛隧工程信息分类编码扩展进行举例。

(1)桥岛隧工程构件分类编码示例

以桥梁构件为例,桥梁结构通过分解后,包含 5 个层级,每个层级中的结构对象都有其相应的编码,如表 3.3-2 所示。

桥岛隧工程构件分类编码示例　　　　表 3.3-2

编码	一级类目	二级类目	三级类目	四级类目	五级类目
81-01.00.00.00.00	桥梁				
81-01.01.00.00.00		上部结构			
81-01.01.01.00.00			主梁		
81-01.01.01.01.00				顶板	
81-01.01.01.01.01					加劲肋
81-01.01.01.01.02					焊缝
81-01.01.01.02.00				底板	
81-01.01.01.02.01					加劲肋
81-01.01.01.02.02					焊缝
81-01.01.01.03.00				腹板	
81-01.01.01.03.01					焊缝
……	……	……	……	……	……

(2)桥岛隧工程属性分类编码示例

通过对桥岛隧各层级结构对象的属性归纳分析,桥岛隧工程属性应分 4 个层级类目,每个层级中的结构对象属性都有其相应的编码,如表 3.3-3 所示。

桥岛隧工程属性分类编码示例　　　　　表 3.3-3

编码	一级类目	二级类目	三级类目	四级类目
86-01.00.00.00	通用特征属性			
86-01.01.00.00		公路技术等级		
86-01.01.01.00			高速公路	
86-01.01.02.00			一级公路	
86-01.01.03.00			二级公路	
86-01.01.04.00			三级公路	
86-01.01.05.00			四级公路	
86-01.01.06.00			等外公路	
86-01.02.00.00		公路功能等级		
86-01.02.01.00			主要干线公路	
86-01.02.02.00			次要干线公路	
86-01.02.03.00			主要集散公路	
86-01.02.04.00			次要集散公路	
86-01.02.05.00			支线公路	
86-01.03.00.00		公路行政等级		
86-01.03.01.00			国道	
86-01.03.02.00			省道	
86-01.03.03.00			县道	
86-01.03.04.00			乡道	
86-01.03.05.00			村道	
86-01.03.06.00			专用公路	
86-02.00.00.00	桥梁工程属性			
86-02.01.00.00		桥梁结构类型		
86-02.01.01.00			梁式桥	
86-02.01.01.01				简支梁桥
86-02.01.01.02				连续梁桥
86-02.01.01.03				悬臂梁桥
……	……	……	……	……

(3)桥岛隧工程信息分类编码扩展示例

以桥梁工程构件分类编码为例,在第四级类目中的"顶板"的下一级类目扩充两个零件,第五级类目代码从60开始,扩展的零件编码分别为"81-01.01.01.01.60"和"81-01.01.01.01.61",如表3.3-4所示。

桥岛隧工程信息分类编码扩展示例　　表3.3-4

编码	一级类目	二级类目	三级类目	四级类目	五级类目
81-01.00.00.00.00	桥梁				
81-01.01.00.00.00		上部结构			
81-01.01.01.00.00			主梁		
81-01.01.01.01.00				顶板	
81-01.01.01.01.01					加劲肋
81-01.01.01.01.02					焊缝
81-01.01.01.01.60					×××
81-01.01.01.01.61					×××

3.4 本章小结

数据表达通用规则参考了元数据、数据元以及数据库设计相关资料,并结合港珠澳大桥智能化运维需求,明确了智能化运维数据管理、利用和服务的技术要求,统一了桥岛隧智能化运维信息组织方法和数据表达规则。标准对智能化运维信息的表达与组织、元数据、数据元、元数据模型等内容进行规范,为桥岛隧智能化运维数据交换与共享奠定了基础,为桥岛隧智能化运维数据标准体系建设提供标准化支撑。

信息分类和编码基于《建筑施工　施工信息组织　第二部分:信息分类框架》(ISO 12006-2)的方法和框架,参考了《建筑信息模型分类和编码标准》(GB/T 51269—2017)和《信息分类和编码的基本原则与方法》(GB/T 7027—2002),对港珠澳大桥交通基础设施的工程构件和工程属性采用面分法和线分法相结合的混合分类法进行分类编码。信息分类和编码的制定为桥岛隧智能化运维数据互联互通奠定了基础。

CHAPTER 4 | 第 4 章

交通基础设施类标准

4.1 概述

交通基础设施是与交通类相关的建筑物和构筑物的统称，主要包括桥梁、人工岛、隧道、交通工程设施以及道路等相关设施。交通基础设施类标准主要涵盖了桥梁、人工岛、沉管隧道以及交通工程设施四种类型的结构共用要素、桥梁结构、人工岛结构、沉管隧道结构、交通工程设施结构以及交通土建工程材料6项标准。交通基础设施类标准对桥梁、人工岛、沉管隧道及交通工程设施进行了结构层级划分，对划分后的实体构件对象的标识、位置、几何、类型、材料、作用、参数指标及质量检验等属性进行了描述，对实体构件对象间关系表达的规则与模型进行了规定。交通基础设施结构类标准为运维业务类、智能化支撑类及信息模型类标准提供基础数据支撑，其包含的标准如图 2.7-1 所示。交通基础设施类标准定义的是结构静态数据，结构静态数据是实现智能化运维的载体，为了满足交通基础设施的数字化、精细化、智能化及三维可视化需求，对交通基础设施结构进行层次化分解，使得交通基础设施结构从整体到局部的每个实体构件可赋能、可管理、可维养，为智能化运维提供数据底座。

4.2 结构共用要素

4.2.1 编写背景

港珠澳大桥是集桥梁、隧道和人工岛于一体的跨海集群交通基础设施，具有规模大、类型多样、结构复杂等特点，为了对跨海集群交通基础设施的整体结构进行数字化管理，需对空间结构进行层次划分，以满足跨海集群交通基础设施的分项组成信息的精细化管理要求。在总结了跨海集群交通基础设施的桥梁、隧道、人工岛以及交通工程设施结构信息的基础上，将各类型交通基础设施结构共同含有的属性进行提取，并进行统一标准化处理，避免结构共用数据的重复定义,为更好地维护交通基础设施类标准奠定基础。此外,在跨海集群交通基础设施中,不同类型的交通基础设施在建成时的结构施工质量检查信息对跨海集群工程智能化运维期的状态评定起着重要作用,因此,有必要对桥梁、隧道、人工岛以及交通工程设施建成时的结构施工质量检查信息进行统一组织和表达。基于跨海集群交通基础设施信息数字化管理需要,通过对跨海集群交通基础设施空间组成的分解、各类交通基础设施结构所涉及同类型属性以及建成时施工质量检查信息进行整理归类,制定结构共用要素标准,使跨海集群交通基础设施的结构层次划分更加合理、直观、易懂,为粤港澳大湾区交通基础设施智能化运维提供标准支撑,促进和推动交通基础设施运维管理模式革新。

4.2.2 主要内容

结构共用要素标准主要对跨海桥梁、人工岛、沉管隧道及沿线交通工程等基础设施全生命周期运维中涉及的同类型信息要素内容进行了整理归类,如工程技术、水文及气象、施工检查等信息,并针对桥岛隧跨海通道工程的分项组成的信息进行统一组织和表达。内容主要包括桥岛隧跨海通道工程、施工质量检查等信息的组织与表达,并规定了桥岛隧结构对象唯一编码制定的要求。

(1)桥岛隧跨海通道工程

梳理桥岛隧跨海通道工程的多个不同类型基础设施对象的共同属性并进行信息分类。共同信息包括基本信息(如位置、开工年月、建成年月)、工程设计信息(如设计速度、设计使用年限、设计最高水位)、水文及气象信息(如风、地震、温度)等,采用桥岛隧跨海通道工程元数据对各类信息的进行组织与表达。

桥岛隧跨海通道工程往往由多个部分组成,如:通航孔桥和非通航孔桥,通航孔桥又包括各个具体的实体桥梁。按照桥岛隧跨海通道工程的结构,设计桥岛隧跨海通道工程结构元数据对桥岛隧跨海通道工程各个组成对象的属性进行描述。桥岛隧跨海通道工程元数据及关联关系如图 4.2-1 所示。桥岛隧跨海通道工程元数据和桥岛隧跨海通道工程结构元数据之间的关联关系如图 4.2-2 所示。

图 4.2-1 桥岛隧跨海通道工程元数据及关联关系

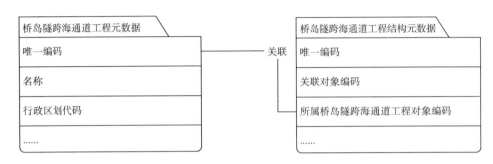

图 4.2-2 桥岛隧跨海通道工程结构元数据及关联关系

（2）施工质量检查

为了对桥岛隧结构施工完成时的施工质量检查信息进行数字化，为桥岛隧智能化运维期间的结构状态评定提供数据支撑，将桥岛隧各结构施工质量检查信息进行统一组织与表达。施工质量检查信息主要包含施工质量检查项目信息和检查结果信息，通过设计相应的元数据，对桥岛隧各级结构对象施工质量检查的各类数据进行描述。采用施工质量检查元数据模型来表达施工质量检查项目、检查结果以及桥岛隧各层级结构对象之间的关联关系。元数据模型如图 4.2-3 所示。

图 4.2-3 施工质量检查元数据模型

（3）唯一编码制定

在桥岛隧智能化运维过程中，桥岛隧结构对象是关键性的基础数据。为保证在各智能业务系统之间数据能够共享和交换，应对桥岛隧各个交通土建工程构件对象进行身份标识,每个结构对象的身份标识应具有唯一性,并按照一定的原则进行编码。

工程实体对象的唯一编码由5位路线编号、6位中国行政区划代码、5位工程编号、3位单元编号以及15位实体构件编码组成,其中路线编号及规则、中国行政区划代码应按《公路路线标识规则和国道编号》(GB/T 917—2017)和《中华人民共和国行政区划代码》(GB/T 2260—2007)中的相关规定执行,单元编号参考《公路桥梁命名编号和编码规则》(GB 11708—1989)中的相关规定,实体构件编码由实体构件的分类代码和编码组成。唯一编码基本组成结构如图4.2-4所示。

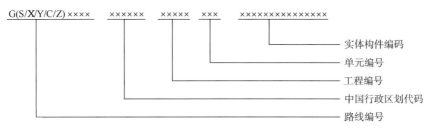

图 4.2-4　工程实体对象唯一编码的代码结构

4.2.3　应用举例

以下针对桥岛隧跨海通道工程元数据、桥岛隧跨海通道工程结构元数据、施工质量检查元数据以及唯一编码进行举例。

(1)桥岛隧跨海通道工程元数据示例

桥岛隧跨海通道工程信息包含工程技术、水文气象等相关信息,通过桥岛隧跨海通道工程技术元数据和桥岛隧跨海通道工程水文气象元数据对桥岛隧跨海通道工程元数据进行扩展。

桥岛隧跨海通道工程元数据扩展的桥岛隧跨海通道工程元数据如表4.2-1所示。

(2)桥岛隧跨海通道工程结构元数据示例

通过设计桥岛隧跨海通道工程结构元数据来描述桥岛隧跨海通道工程各结构信息及关联关系信息,如表4.2-2所示。

(3)施工质量检查元数据示例

交通土建工程结构施工质量检查信息包含检测项目、检测结果等相关信息,以施工质量检查结果元数据举例,如表4.2-3所示。

桥岛隧跨海通道工程元数据

表 4.2-1

中文名称	英文名称	数据类型	表示格式	计量单位	约束条件	值域	定义	信息分类	备注
唯一编码	id	字符型	a..u1	—	M	/	标识桥岛隧跨海通道工程的唯一代码	标识信息	
工程性质	engineeringProperty	枚举型	n1	—	M	11 小修 12 中修 13 大修 14 改建 15 增建	桥梁改造工程的性质	设计信息	
建设状态	constructionCondition	枚举型	n1	—	M	11 在建 12 营运 13 正在改扩建 14 正在加固维修 15 已列入计划进行维修	交通基础设施建设的状态	设计信息	
……	……	……	……	……	……	……	……	……	……

表 4.2-2 桥岛隧跨海通道工程结构元数据

中文名称	英文名称	数据类型	表示格式	计量单位	约束条件	值域	定义	信息分类	备注
唯一编码	id	字符型	a..ul	—	M	/	唯一标识桥岛隧跨海通道工程结构的代码	标识信息	应按桥岛隧跨海通道工程单元编号规则进行编码
关联对象编码	associationObjectId	字符型	a..ul	—	M	/	桥岛隧跨海通道工程结构中上一级的唯一编码	标识信息	
所属桥岛隧跨海通道工程编码	crossSeaProjectId	字符型	a..ul	—	M	/	标识桥岛隧跨海通道工程结构的唯一代码	标识信息	
名称	name	字符型	a..ul	—	M	/	桥岛隧跨海通道工程结构的专属名词	标识信息	
编号	numbering	字符型	a..ul	—	M	/	利用有序或无序的任意符号按顺序编号数	标识信息	
起点桩号	startingStakeNumber	数值型	n..ul	—	M	/	沿着道路前进方向,起点处的桩号	位置信息	起点桩号的格式应以 K 来表示公里,+号以后的数字表示该公里以下的米数,如:K0+100

表 4.2-3 施工质量检查结果元数据

中文名称	英文名称	数据类型	表示格式	计量单位	约束条件	值域	定义	信息分类	备注
唯一编码	id	字符型	a..ul	—	M	/	标识测点检查结果的唯一代码	标识信息	
检查项目编码	inspectionItemId	字符型	a..ul	—	M	引用检查项目元数据唯一编码	标识检查项目的唯一代码	标识信息	
名称	name	字符型	a..ul	—	M	/	用以识别该检查结果的专属名词	标识信息	
编号	numbering	字符型	a..ul	—	O	/	采用有序或无序的符号按照一定规则给出的编号	标识信息	
位置	position	字符型	a..ul	—	M	/	描述测点所处的地方或所处方位	位置信息	
实测值	measuredValue	数值型	n..ul	—	M	/	测点的实际测定结果	检查信息	
理论值	theoryValue	数值型	n..ul	—	M	/	测点的理论预测结果	检查信息	
误差值	errorValue	数值型	n..ul	—	M	/	实测值与理论值的差值	检查信息	
检查时间	inspectionTime	日期时刻型	YYYY-MM-DD hh:mm:ss.SSS	—	M	/	实际测定的时刻	检查信息	

(4)唯一编码示例

桥岛隧工程实体对象的唯一编码已在港珠澳大桥运行管理智联平台中得到应用,以桥梁工程中实体构件主梁的实体构件编号为例,主梁的分类编码为:81-01.01.01.00.00,其对应的主梁实体构件分类代码为:01010000,1号梁的顺序号为:0000001。则1号梁的实体构件编号为:010100000000001,其中实体构件分类编码转换是实体构件分类代码,如表4.2-4、表4.2-5所示。

桥梁工程构件分类编码示例　　　　　　　　表4.2-4

编码	一级类目	二级类目	三级类目	四级类目	五级类目
81-01.00.00.00.00	桥梁				
81-01.01.00.00.00		上部结构			
81-01.01.01.00.00			主梁		
81-01.01.01.01.00				主梁梁体	
81-01.01.01.01.01					顶板
81-01.01.01.01.02					底板

实体构件分类代码示例　　　　　　　　表4.2-5

实体构件分类代码	二级类目	三级类目	四级类目	五级类目
01000000	上部结构			
01010000		主梁		
01010100			主梁梁体	
01010101				顶板
01010102				底板
……	……	……	……	……

4.3　结构分解

4.3.1　编写背景

目前行业内桥岛隧养护以公路隧道的预防修复养护和专项养护为主,养护的对象以结构为重点,兼顾其他附属设施,但针对桥岛隧的维养对象,尤其是人工岛及交通工程设施的维养对象,现行相关标准对桥岛隧结构分解的精细度难以满足智能化运维的需求。随着大数据、人工智能、BIM+GIS(地理信息系统)等信息技术的发展,桥岛隧维养越来越注重采用先进的自动化、智能化技术进行维护保养工作,以实现更高效、精准的运维管理。为了实现桥岛隧跨海集群工程精细的智能化运维,促进结构数据共享和利用,有必要建立桥岛隧智能化运维结构系列数据标准,为新建桥梁、隧道、人工岛、交通工程设施及既有桥岛隧新型交通基础设施的智能化运维平台建设提供标准化支撑。

交通基础设施类标准以港珠澳大桥的桥岛隧工程为背景,以全生命周期运营理念为指导,立足于桥岛隧智能化运维的实际需求,以国家现行有关标准为依据,遵循保证性、稳定性、发展性和均衡性原则,将桥梁、隧道、人工岛及交通工程设施结构单元层次化解析到零件级,根据各层次解析单元的设计、施工、竣工等结构全生命周期信息内容提炼属性字段,并规定统一的数据组织和表达方式,形成桥梁、隧道、人工岛及交通工程设施结构数据标准。

4.3.2 主要内容

基于港珠澳大桥跨海集群工程结构特点,将港珠澳大桥划分为桥梁、沉管隧道、人工岛以及交通工程设施四个组成部分,每个组成部分根据结构形式、施工工艺、受力特点、精细化养护需求等对结构层级进行划分,对划分后的各结构对象所涉及的标识、位置、几何、类型、材料、作用、参数指标及质量检验等属性进行描述,并采用元数据模型对结构对象间关系表达的规则进行统一规定,分别形成桥梁结构、沉管隧道结构、人工岛结构以及交通工程设施结构数据标准。结构类数据标准适用于梁式桥、斜拉桥、沉管隧道、人工岛、交通工程设施的结构数字化,可为其他类型桥梁、隧道、人工岛、交通工程设施及道路结构数据标准化提供参考。

(1)信息组织

桥岛隧结构对象往往由实体构件和属性两个维度来表达,桥岛隧结构由一个个实体构件链接为一个有机整体。在桥岛隧智能化运维中,针对业务场景,实体构件的呈现效果应有所不同,结构视觉呈现效果则由几何表达精度衡量,几何精度等级越高,实体构件的形状细节表现得越明显。

实体构件所承载的信息依靠属性来体现,通过属性的定义来表达实体构件对象的全部事实。考虑到不同阶段及应用场景下,如设计阶段、施工阶段、运维阶段,实体构件的属性完整程度有所不同,为了满足不同应用对实体构件信息深度的需求,将结构信息进行合理地划分,信息深度应与几何表达精度配合使用,以便充分且必要地描述每一个结构对象,为桥岛隧智能化运维提供基础数据支撑。

桥岛隧各层级结构对象面向业务需求按属性特征、属性值来源等进行分类,分为标识信息、几何信息、位置信息、设计信息和施工信息,各层级结构对象元数据表达对象属性,数据元描述对象属性信息,元数据模型表达结构对象之间的关系。

(2)层级划分原则

桥岛隧结构根据桥岛隧结构形式、空间组成、施工工艺、受力特点、精细化养护需求等进行合理的层级划分。按照线分法和面分法相结合的方式将层级划分为桥梁/隧道/人工岛/交通工程设施、部位、构件、子构件和零件共五个层级,桥岛隧各层级结构对象可扩展,新扩展的对象须不影响已规定的结构划分。

线分法(又称等级分类法或层级分类法)是将初始的桥岛隧结构对象按所选定的若干个空间组成作为分类的划分基础,逐次地分解成若干个层级类目,并编排成一个逐级展开、有层次的分类体系。面分法是将桥岛隧结构对象的若干空间组成视为若干个"面",每个"面"中又可分成彼此独立的若干个类目。本系列标准采用的是线分法和面分法相结合的分类法,即混合分类法。

4.3.3 应用举例

桥岛隧结构的层级划分、划分后的各层级结构所赋予的几何属性、非几何属性以及结构对象间的关联关系已在港珠澳大桥运行管理智联平台中得到应用。以下分别举例说明结构层级划分方法和结构对象信息的组织与表达。

(1) 结构层级划分及扩展

以桥梁结构对象为例,结构层级采用线分法和面分法相结合的方式进行划分,在现有结构层级基础上可依次扩展构件,如表4.3-1所示。

桥梁结构层级划分示例　　　　　　　　　　　表4.3-1

桥梁对象	桥梁部位	桥梁构件	桥梁子构件	桥梁零件
桥梁				
	上部结构			
		主梁		
			主梁梁体	
				顶板
				横隔板
			钢锚箱	
				顶板
				加劲肋
	…	…	…	…
	下部结构			
		桥墩		
			墩身	
		×××		
		×××		

(2) 桥岛隧结构对象元数据模型

桥梁结构元数据模型如图4.3-1所示。

第4章 交通基础设施类标准

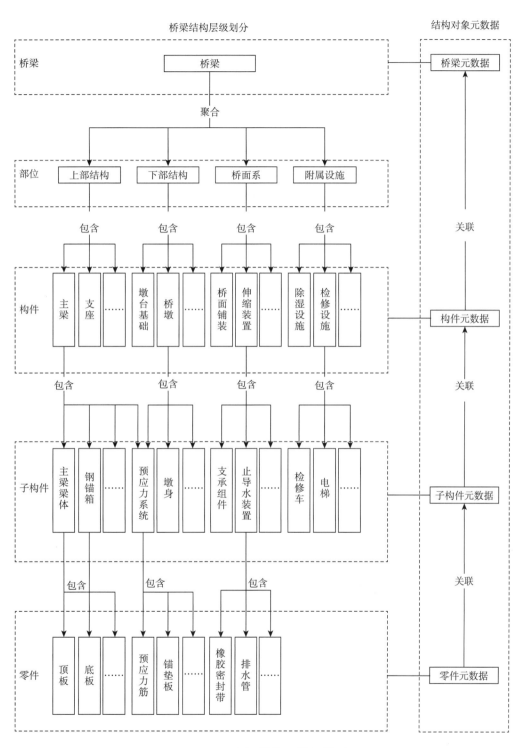

图 4.3-1 桥梁结构元数据模型

隧道结构元数据模型如图 4.3-2 所示。

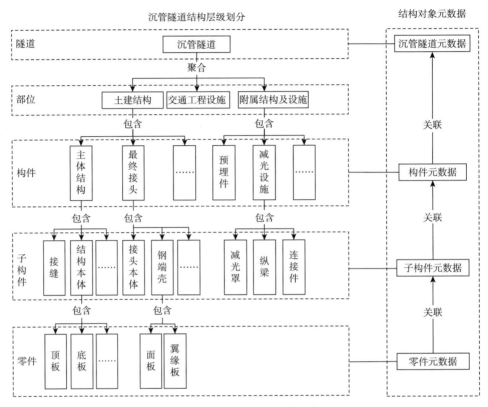

图 4.3-2　隧道结构元数据模型

人工岛结构元数据模型如图 4.3-3 所示。

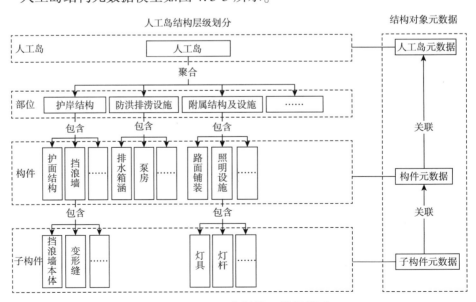

图 4.3-3　人工岛结构元数据模型

交通工程设施结构元数据模型如图 4.3-4 所示。

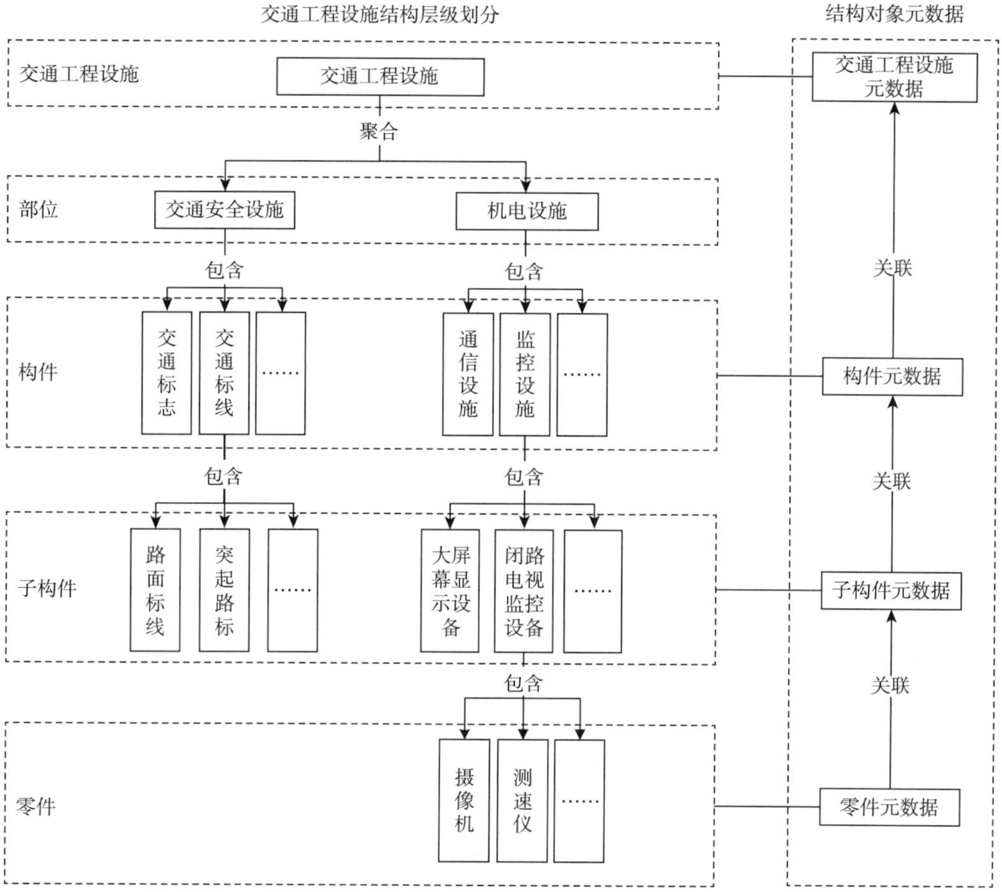

图 4.3-4 交通工程设施结构元数据模型

(3) 结构信息分类

桥梁对象所含的标识信息、几何信息、位置信息以及设计信息如表 4.3-2 所示。

桥梁对象信息分类示例　　　　表 4.3-2

数据元	信息分类
唯一编码	标识信息
所属上级对象编码	
名称	
编号	

续上表

数据元	信息分类
桥梁全长	几何信息
桥梁全宽	
起点桩号	位置信息
终点桩号	
桥梁结构类型	设计信息
桥涵分类	
桥梁抗震设防类别	

4.4 交通土建工程材料

4.4.1 编写背景

在交通基础设施运维中，对结构材料进行管理，是保障交通基础设施质量与经济效益的基本前提。通过标准化手段，将结构材料信息与结构进行有效组织，提高交通基础设施运维中对结构材料信息的溯源性，提高材料的信息化管理水平，让资源得以合理地利用，进而实施精确的成本核算，减少运营成本。针对交通基础设施结构材料信息数字化需要，依据现有规范规定，建立面向桥岛隧结构的交通土建工程材料数据标准，为桥岛隧全生命周期智能运维提供结构材料数据支撑。

4.4.2 主要内容

交通土建工程材料数据标准针对桥岛隧交通土建工程的结构材料种类、力学、物理、化学等信息进行了组织与结构化表达，适用于钢、混凝土等类型桥岛隧交通土建工程结构材料的数字化，可为其他类型结构材料数字化提供参考。标准对交通土建工程材料按其类型进行信息组织，包括钢、钢筋、混凝土、砂浆、橡胶、塑料、涂料,并对结构对象的材料种类、材料特性、材料用量以及统计信息进行了统一组织与表达,交通土建工程结构与材料关联关系如图 4.4-1 所示。其中,结构对象为桥岛隧各层级结构对象,包含桥梁、隧道、人工岛、交通工程设施以及其包含的各构件、子构件、零件,材料特性元数据泛指各种类交通土建工程材料元数据,如钢材料元数据、钢筋材料元数据等。

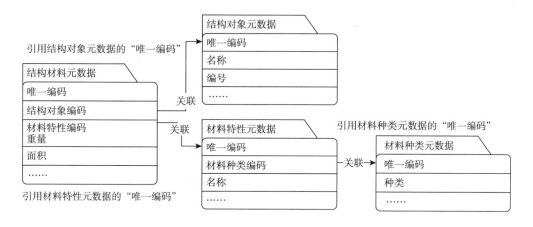

图 4.4-1　交通土建工程结构与材料关联关系

(1) 材料特性

交通土建工程各结构层级所包含的不同材料种类都包括标识信息、几何信息、力学性能、物理性能、化学性能以及设计信息等内容,每种材料都有不同的特征信息。为了描述材料的特性信息,针对不同种类的材料设计相应的材料特性元数据,并考虑实际运维需求,对材料的特性信息进行分类。

(2) 结构材料

交通土建工程各结构层级可由多种材料组成,如钢混结构的构件,由钢和混凝土两种材料组成。为了描述结构的材料组成信息,设计结构材料元数据。结构材料属性包含结构对象编码、材料特性编码等属性,其中每种材料数据元对应各自的材料特性元数据。

在交通基础设施的建设中,交通土建工程各层级结构对其包含的每种材料的用量信息有所不同,每种材料用量属性也存在差异,如:钢材料的用量属性为重量,钢筋材料的用量属性为钢筋根数。为了描述交通土建结构的材料用量信息,便于材料用量统计信息的交换和共享,设计了材料用量统计元数据。

4.4.3 应用举例

交通土建工程结构材料类型多样,常用的材料结构类型有素混凝土结构、钢筋混凝土结构、预应力混凝土结构、钢结构、钢-混凝土组合结构等,而常用材料种类的又有钢、钢筋、混凝土、砂浆、橡胶、塑料、涂料等,每种类型的材料特性及其表示用量的属性各不相同。

(1)材料种类

交通土建工程结构所使用的材料按照种类分为钢、钢筋、混凝土、砂浆、橡胶、塑料、涂料等,为了便于材料种类的数字化及扩展,材料种类元数据主要包括:唯一编码和种类两个数据元。在需要新添加一种材料时,在材料种类元数据"种类"数据元的值域中新增材料种类,并参照其他种类材料特性元数据设计其元数据。材料种类元数据如表4.4-1所示。

(2)材料特性

以钢为例,其材料特性包含唯一编码、材料种类编码名称、编号等标识信息,以及屈服强度标准值、抗拉强度设计值、抗剪强度设计值等力学性能信息,如表4.4-2所示。

(3)结构材料

交通土建工程结构对象与材料对象相互独立,通过设计结构材料元数据来描述结构对象与材料对象的关联关系信息,结构材料元数据主要包含唯一编码、结构对象编码、材料特性编码等,如表4.4-3所示。

(4)材料用量统计

材料用量统计主要包含唯一编码、名称、材料特性编码、范围、统计日期、重量、数量、面积、体积等信息,其中通过材料特性编码来关联材料对象信息,如表4.4-4所示。

表 4.4-1 材料种类元数据

中文名称	英文名称	数据类型	表示格式	计量单位	约束条件	值域	定义	信息分类	备注
唯一编码	id	字符型	a..ul	—	M	/	标识材料种类的唯一编码	标识信息	
种类	type	枚举型	n2	—	M	101 钢 102 钢筋 103 混凝土 104 砂浆 105 橡胶 106 塑料 107 焊缝 108 涂料	结构材料的种类	标识信息	

表 4.4-2 钢材料元数据

中文名称	英文名称	数据类型	表示格式	计量单位	约束条件	值域	定义	信息分类	备注
唯一编码	id	字符型	a..ul	—	M	/	标识钢材材料的唯一编码	标识信息	
材料种类编码	materialTypeId	字符型	a..ul	—	M	引用（材料种类元数据唯一编码）	标识材料种类的唯一编码	标识信息	
名称	name	字符型	a..ul	—	M	/	钢材料的名称	标识信息	
编号	numbering	字符型	a..ul	—	O	/	钢材料的编号	标识信息	

续上表

中文名称	英文名称	数据类型	表示格式	计量单位	约束条件	值域	定义	信息分类	备注
类型	type	枚举型	n2	—	M	101 碳素结构钢 102 优质碳素结构钢 103 低合金高强度结构钢 104 合金结构钢 105 高耐候性结构钢 106 桥梁用结构钢 107 不锈钢 108 其他	根据钢材使用性能对钢材划分的种类	材料类型	
牌号	grade	字符型	a..ul	—	M	/	一般采用汉语拼音字母、化学元素符号和阿拉伯数字相结合方式表示钢材产品名称，用途、特性和工艺的方法	材料类型	宜设计元数据管理钢材"牌号"
规格	specification	枚举型	n3	—	M	应符合国家现行有关钢材标准的规定，并保持统一	钢的规格	材料类型	宜设计元数据管理钢材"规格"

续上表

中文名称	英文名称	数据类型	表示格式	计量单位	约束条件	值域	定义	信息分类	备注
屈服强度标准值	yieldStrengthStdValue	数值型	n..ul	MPa	M	/	钢材在受力过程中,荷载不增加或略有降低而变形持续增加时,所受的恒定应力。对受拉无明显屈服现象的钢材,则为标距部分残余伸长达原标距长度0.2%时的应力	力学性能	
……	……	……	……	……	……	……	……	……	……

表 4.4-3 结构材料元数据

中文名称	英文名称	数据类型	表示格式	计量单位	约束条件	值域	定义	信息分类	备注
唯一编码	id	字符型	a..ul	—	M	/	标识结构材料的唯一编码	标识信息	
结构对象编码	structuralObjectsId	字符型	a..ul	—	M	引用(桥岛隧各层级结构对象元数据唯一编码)	标识桥岛隧各层级结构对象的唯一编码	标识信息	应符合交通基础设施结构类规范的各层级结构对象元数据唯一编码的规定

续上表

中文名称	英文名称	数据类型	表示格式	计量单位	约束条件	值域	定义	信息分类	备注
材料特性编码	materialCharacteristicId	字符型	a..ul	—	M	引用（钢、钢筋、混凝土等材料特性元数据的唯一编码）	材料特性的唯一编码	标识信息	
名称	name	字符型	a..ul	—	O	/	结构材料的名称	标识信息	
重量	totalWeight	数值型	n..ul	kg	O	/	某结构用材的总重	物理性能	
数量	total	数值型	n..ul	—	O	/	某结构用材的总数	物理性能	
面积	totalArea	数值型	n..ul	m^2	O	/	某结构用材的总面积	几何信息	
体积	volume	数值型	n..ul	m^3	O	/	某结构用材的总体积	几何信息	

表 4.4-4 材料用量统计元数据

中文名称	英文名称	数据类型	表示格式	计量单位	约束条件	值域	定义	信息分类	备注
唯一编码	id	字符型	a..ul	—	M	/	标识材料用量统计的唯一编码	标识信息	
名称	name	字符型	a..ul	—	M	/	材料用量统计的名称	标识信息	
材料特性编码	materialCharacteristicId	字符型	a..ul	—	M	引用（钢、钢筋、混凝土等材料特性元数据的唯一编码）	材料特性的唯一编码	标识信息	
范围	range	字符型	a..ul	—	M	/	材料用量的统计范围	标识信息	
统计日期	statisticsDate	日期型	YYYY-MM-DD	—	M	/	材料用量的统计日期	标识信息	
重量	totalWeight	数值型	n..ul	kg	O	/	某种材料的总重	物理性能	
数量	total	数值型	n..ul	—	O	/	某种材料的总数	物理性能	
面积	totalArea	数值型	n..ul	m^2	O	/	某种材料的总面积	几何信息	
体积	volume	数值型	n..ul	m^3	O	/	某种材料的总体积	几何信息	

4.5 本章小结

交通基础设施结构数据是桥岛隧智能运维的基础数据,根据桥岛隧跨海通道工程的结构组成和智能运维精细化的养护需求,将交通基础设施划分为桥梁、人工岛、隧道以及交通工程设施四类基础设施,根据实际需求和现行规范,将各类交通设施类型按线分法和面分法进行科学合理拆分,对划分后的实体构件对象的标识、位置、几何、类型、材料、作用、参数指标及质量检验等属性进行描述,对实体构件对象间关系表达的规则与模型进行规定。交通基础设施结构类标准可为维养业务类、运营业务类、智能化支撑类及信息模型类标准提供基础数据支撑,也可为其他类型交通基础设施结构的数字化提供参考。

CHAPTER 5 | 第 5 章

维养业务类标准

5.1 概述

基于跨海集群工程对社会的作用和影响，按百年甚至超百年使用寿命进行设计与建造，并坚持长期有效的管理与养护。设施构件受环境、人为等因素的影响，建成运营一定时期后，难免会出现不同程度的病害，为确保跨海集群工程的安全运行，需要对其进行实时监测、定期检测和一体化综合评估，以便掌握其运行状态，并采取相应的维养措施，对于病害程度较高的结构，提出相应的应急和维修决策。基于此，可将维养业务分为结构健康监测、桥岛隧检测、桥岛隧评定、维养决策、养护工程等类别业务。通过结构健康监测实时掌握结构响应状态，并结合桥岛隧检测全面掌握结构现状，查明结构病害、缺陷，通过分析检测结果，评定各构件的受力状况，判断其对工程设施运营安全的影响，基于维养策略，提出相应的养护措施，确保工程设施的正常使用和安全运营。为了提高维养作业的效率，降低维养成本，应考虑采用智能装备和智能技术，构建相应业务系统，协同高效安全地完成维养作业。而要实现各业务系统之间业务数据的互联互通，需充分分析各业务流程以及业务之间的相关性，通过规范各维养业务作业流程，提取业务流程中涉及的业务信息，并对业务信息进行统一组织和规范化表达，形成标准化的维养业务数据，以打通维养业务数据链路，为实现跨海集群工程的智能化运维提供基础支撑。维养业务类标准包含的标准如图 2.7-1 所示。

5.2 结构健康监测

5.2.1 编写背景

为了对跨海集群工程结构的主要性能指标和特性进行实时分析，及早预见、发现和处理交通基础设施结构安全隐患和耐久性缺陷，诊断结构突发和累计损伤发生位置与程度，并对发生后果的可能性进行判断与预测，从而保证交通基础设施的安全运行,避免事故发生,针对跨海集群工程结构长期服役安全的需求,需结合智能传感器设备及互联网技术,建立结构状态监测、特征识别和状态评估的自动化结构健康监测系统。但目前各健康监测系统都有自己的数据格式,彼此间难以实现数据交换和共享,因此,加强交通基础设施结构健康监测数字化建设和实现结构健康监测数据共享是一件十分必要和迫切的工作。目前,在国家开展的科学数据共享"标准规范先行"的重要指导原则下,交通领域内已发布结构健康监测相关标准,在桥梁健康监测方面,行业内也制定了相关数据标准,但大型跨海交通基础设施集群的健康监测数据标准化尚不完善。

因此,为了实现跨海集群工程的结构健康监测系统之间以及与相关业务系统之间的数据互联互通,应梳理监测业务流程,提炼过程中所涉及的采集设备、监测项目、测点以及结构响应等信息,并进行信息组织和标准化表达,为建立结构健康监测系统提供标准化的数据支撑,在大桥的设计使用寿命内,确保大桥安全可靠运营。

5.2.2 主要内容

结构健康监测往往由采集硬件系统和采集软件系统组成,其中硬件系统主要包含数据采集、数据传输等部分,软件系统主要包含数据处理、数据分析等部分。通过分析智能化运维需求,基于现行相关规范以及工程实际情况,将结构健康监测过程中所涉及的采集设备、传输设备、项目、测点等对象的基本信息和监测数据进行统一组织和标准化表达,建立对象间的逻辑关系,形成规范的桥梁、隧道、人工岛、交通工程设施健康监测元数据模型。

(1)数据采集与传输

稳定可靠的数据采集和传输对于保证监测系统的长期运行有着重要意义,同时是获取有效、可靠的监测数据的前提。结构健康监测是通过在桥岛隧实体构件上布设传感器设备,实时采集结构的各项指标数据(索力、应力、变形、振动、温度),将传感设备采集到的数据通过传感器、采集仪、通信设备、工控机等设备上传至服务器,并进行数据处理分析。结构健康监测数据采集与传输流程如图5.2-1所示。

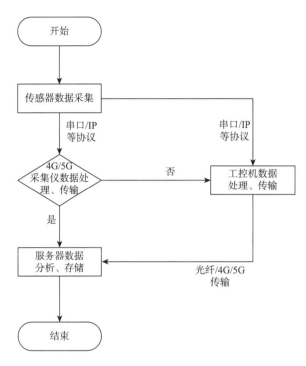

图 5.2-1　结构健康监测数据采集与传输流程

传感器是一种能感受被测量的信号,并能将感受到的信号按一定规律变换成为电信号或其他所需形式的信号输出,以满足信号的传输、处理、存储、显示、记录和控制等要求的检测装置,通常由敏感元件和转换元件组成。传感器是在监测期间主要的监测设备元件。采集仪是将输入的模拟信号采集后数字化并能够存储在自带的存储介质或配套连接的计算机硬盘内的一种仪器,是传感器和工控机或服务器间的纽带。通信设备主要用于数据与信号的传输,通信设备在传感器将输出信号传输给采集仪、采集仪将数据传输给工控机、边缘计算设备或服务器。工控机即工业控制计算机,采用总线结构,具有重要的计算机属性和特征。工控机是采集仪与监测中心/监测云平台间的纽带,承载着数据预处理、数据存储以及数据上传功能,通过工控机将采集到的原始数据进行前处理,并将原始数据进行本地存储及数据上传。通信设备是用于工控环境的有线通信设备和无线通信设备总称,主要包括路由器、交换机、无线网卡等。服务器是网络中提供服务和信息的计算机,服务器在网络中为工控机、采集仪、传感器等监测设备提供计算或者应用服务。

根据结构健康监测数据采集与传输流程,首先提取数据采集传输过程中的传感器、采集仪、工控机以及服务器等对象信息,其次组织各对象之间的逻辑关系,最后通过标准化表达建立对象元数据及元数据模型,为结构健康监测系统采集端硬件管理系统的建设提供指导。

此外,传感器、采集仪等监测设备都有各自的特性。如灵敏度、动态范围、量程、线性度、稳定性、供电方式及寿命等属性,不同监测设备的参数各异,因此,还需对监测设备参数信息进行统一组织与表达。

结构健康监测数据采集与传输的数据项如表 5.2-1 所示。

结构健康监测数据采集与传输的数据项 表 5.2-1

数据名称	数据内容描述
传感器	包含传感器的类型、型号、输出信号类型、量程、精度、采集频率、分辨率、厂家等信息
采集仪	包括采集仪的类型、型号、支持的采集协议、电压、功率、通道数、厂家等信息
工控机	包含工控机的型号、操作系统、处理器、硬盘容量、内存容量、电压、功率、厂家等信息
通信设备	包含通信设备类型、型号、网络支持、厂家等信息
服务器	包括服务器的服务地址、型号、操作系统、处理器、硬盘容量、内存容量、厂家等信息

(2)数据处理与分析

数据处理与分析是指对获得的数据信息进行收集、整理、加工及存储等一系列活动的总称。为了充分发挥监测数据对交通基础设施结构设计、建造和管养的指导作用,需要对结构健康监测的海量数据进行管理、分析以及存储,科学合理的数据管理将对监测数据的处理分析起关键作用。有必要从监测内容、监测信息、数据分析以及预警四个方面进行信息的标准化组织与表达。数据处理与分析流程如图 5.2-2 所示。

①监测项目与测点数据

监测项目是桥岛隧结构在运营期间,根据运营状态情况开展的不同监测内容,如桥梁在运营期间需要对主要构件结构响应、运营环境、材料特性等多个指标进行监测,不同类型指标的监测时间、监测截面、测点、监测单位不尽相同,需对监测项目进行结构化表达。结构监测对象可设置多个监测项目,每个监测项目可布置多个测点。测点是监测过程中为获取某一参数值而选定的监测点位置,宜根据被监测类型的特性来确定其数量及分布。监测项目应包含监测因素、标识等信息,测点数据应包含测点标识、位置、设计等信息。

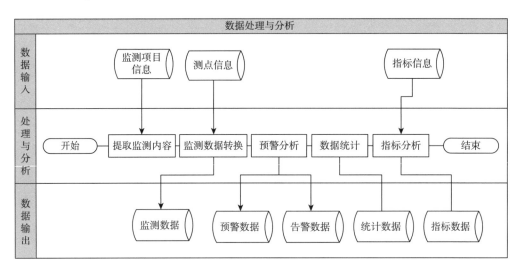

图 5.2-2　数据处理与分析流程

②监测数据

监测数据是通过监测项目计划和布点对其相关监测内容进行监测产生的数据,包括传感器采集的原始数据以及通过计算分析得到的测点数据。以桥梁应力监测数据为例,其计算过程如图 5.2-3 所示。

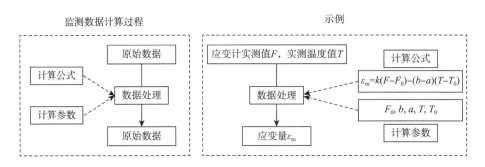

图 5.2-3　监测数据计算过程示意

在图 5.2-3 中,参数 F、T 为传感器原始数据值,参数 k、F_0、b、a、T_0 为计算公式所采用的测点参数,其中 F_0 和 T_0 为传感器采集的初始数值。原始数据是监测期间传感器采集到的最原始数据,传感器采集的原始值有多种类型,如表面式应变传感器采集到的数据有模数值 F、温度值 T,即一个传感器输出两种信号,对于此类输出多种信号的传感器,应独立设计传感器原始数据元数据。通过传感器采集的原始数据直接或间接得到的监测数据,为记录测点在不同监测时间点的监测数据,采用测点数据元数据进行描述,测点与测点数据是一对 n 的关系。

③统计数据

统计数据是对所有作用和响应的监测数据进行周期性统计的数据,作用包括但不限于温度、风、车辆、地震等,结构响应包括但不限位移、索力、振动、应变、变形、水密性等。统计值应包括但不限于最大值、最小值、平均值、均方根、中位值、上四分位数、下四分位数、极差、标准差、方差、累积值、绝对值最大值、绝对值最小值等特征值。

④指标数据

指标数据是为对不同条件下采集到的测点数据进行分析得到的数据,包括指标、指标数据和指标参数。以倾角仪测量桥梁挠度为例,阐述主梁挠度指标。在待测桥梁上选定 k 个测点,在测点位置处布设倾角仪,同时假定桥梁变形在线性范围之内,根据加载前后每一测点输出的电压差与倾角成正比的关系,就可以得到被测桥梁上的 k 个倾角值。再利用不同的算法,推导出不同的数学模型,进而拟合出桥梁的挠度值。主梁挠度指标具体流程如图 5.2-4 所示。

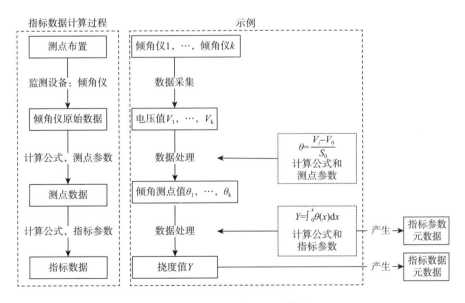

图 5.2-4　主梁挠度指标计算流程

⑤预警与告警数据

预警与告警数据是监测结果与结构分析理论结果进行实时对比,超过设置的预警阈值的监测数据。结构健康监测预警应根据实时监测数据设置不同的预警机制以及告警机制。通过对比监测值与其相应的结构安全控制指标值,对结构实行监测预警管理的分级。监测期间存在指标/测点超过设定的监测预警值时,应及时将预警信息告知给相关单位。预警数据包含预警等级、预警数据、告警规则、告警数据等数据。监测预警流程如图5.2-5所示。

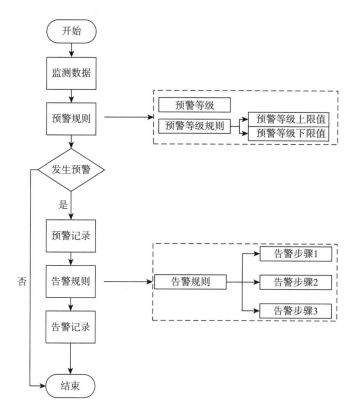

图 5.2-5　监测预警流程

结构健康监测数据处理与分析的数据项如表5.2-2所示。

结构健康监测数据处理与分析的数据项　　表 5.2-2

数据名称	数据内容描述
监测项目	包括监测项目的名称、监测因素类型、范围等信息
测点	包括测点编号、对应传感器、位置、测点数据计算参数等信息
监测	包含对应测点的唯一编码、原始值、处理后的监测值、采集时间等信息

续上表

数据名称	数据内容描述
统计	包含对应测点的唯一编码、统计时间、统计粒度、特征值等信息
指标参数	包含通过监测数据得到指标数据的计算参数信息,包含参数名称、参数值、参数类型等信息
指标	包含对应测点的唯一编码、采集时间、指标值等信息
预警等级	包含各个预警等级的上限和下限值、测点唯一编码等信息
预警	根据监测数据和预警阈值等综合分析得到的预警信息,包含测点唯一编码、预警等级唯一编码、监测数据、监测时间等信息
告警规则	包含告警方式、预警等级唯一编码等信息
告警	发送告警通知的记录,包含告警规则唯一编码、告警时间、告警内容、告警发送对象等信息

（3）元数据模型

结构健康监测元数据模型如图 5.2-6 所示。

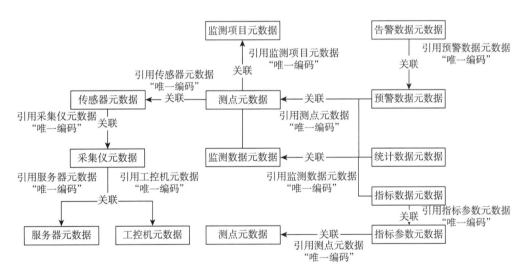

图 5.2-6　结构健康监测元数据模型

5.2.3　应用举例

以数据采集与传输中典型的传感器数据、数据分析与处理中的监测数据为例,传感器元数据如表 5.2-3、表 5.2-4 所示。

表 5.2-3 传感器元数据

中文名称	英文名称	数据类型	表示格式	计量单位	约束条件	值域	定义	信息分类	备注
唯一编码	id	字符型	a..ul	—	M	/	标识传感器的唯一编码	标识信息	
所属采集仪编码	daqId	字符型	a..ul	—	M	/	标识采集仪的唯一编码	标识信息	
设备名称	name	字符型	a..ul	—	M	/	按对应的采集内容所使用的传感器名称	设计信息	
设备编号	numbering	字符型	a..ul	—	M	/	标识各个传感器的唯一编号	设计信息	
传感器类型	sensorType	枚举型	n2	—	M	101 压力变送器 102 加速度传感器 103 光纤光栅应变传感器 104 温湿度计 105 三向风速仪 106 光纤光栅温度传感器 107 位移计 108 GPS 109 动态称重 WIM 110 二维风速仪 111 索力加速度传感器	按监测设备中不同的采集内容进行划分的传感器的类型,传感器类型应可拓展	设计信息	

续上表

中文名称	英文名称	数据类型	表示格式	计量单位	约束条件	值域	定义	信息分类	备注
传感器类型	sensorType	枚举型	n2	—	M	112 支座反力计 113 腐蚀计 114 风压计 115 多点位移计 116 钻孔测斜仪 117 空隙水压力计 118 波束测深仪	按监测设备中不同的采集内容进行划分的传感器的类型,传感器类型应可拓展	设计信息	
……	……	……	……	……	……	……	……	……	……

表 5.2-4 监测数据元数据

中文名称	英文名称	数据类型	表示格式	计量单位	约束条件	值域	定义	信息分类	备注
唯一编码	id	字符型	a..ul	—	M	/	标识传感器的唯一编码	标识信息	
所属测点编码	mpointId	字符型	a..ul	—	M	/	标识测点的唯一编码	标识信息	
原始值	rawValue	字符型	a..ul	—	M	/	传感器输出的原始数值	监测信息	
监测值	calvalue	数值型	n..ul	—	M	/	根据原始值和计算公式得到的计算值	监测信息	
采集时间	datatime	日期时刻型	YYYY-MM-DD hh:mm:ss.SSS	—	M	/	获取监测数据的时间	监测信息	
……	……	……	……	……	……	……	……	……	……

5.3 结构检测与评定

5.3.1 编写背景

目前,跨海集群工程检测始终存在检测效率低、结构隐蔽病害检测难度大、检测不够全面、检测评定评级难以精准量化等问题。而面对跨海集群工程检测全流程自动化、数字化和信息化的需求,目前仍没有一套切实可行的数据标准来规范跨海集群工程检测与评定业务的信息表达。

针对行业内存在的跨海集群工程结构服役环境演化与性能退化机理研究不足,仿真、评估和预警时效性差、可靠性低等问题,提出"桥岛隧一体化服役性能感知体系-数据标准与数字模型-评估方法与标准"的体系框架;建立了桥岛隧不同设施类型的"技术状况评定-适应性评定-综合评定"评估体系与标准,打通了"数据感知-仿真分析-结构响应-结构评定"业务链条,为桥岛隧服役状态评估奠定理论基础,为桥岛隧一体化评估系统研发提供理论支撑。

因此有必要对跨海集群工程结构检测所涉及的工作流程、检测内容、检测结果、评定规则、评定结果等信息进行标准化,为建立港珠澳大桥运行管理智联平台提供数据支撑,同时为其他类型交通基础设施结构检测与评定的数字化管理提供指导作用。

5.3.2 主要内容

标准主要包含结构检测和检测评定两部分内容,其中,结构检测是根据桥梁、隧道和人工岛的检测计划和检测内容,采用检测设备或仪器对结构进行检测,包含桥梁检测、隧道检测以及人工岛检测;检测评定是根据检测对象的检测结果进行评定,为结构技术状态评估提供数据支撑,检测评定包括桥梁检测评定、隧道检测评定和人工岛检测评定。按桥岛隧的检测业务,分类包括初始检查、经常检查、定期检查和特殊检查,通过规范检测对象、检测作业、检测任务、检测方法、检测结果、评定流程以及评定结果等内容，形成结构检测及评定相应标准，为实现结构技术状态的自动化评估奠定基础。

(1) 桥岛隧结构检测

跨海集群工程结构检测工作通常由行政主管部门根据桥岛隧维养计划、技术规范及运营使用中的技术状况等情况布置，结构检测流程主要包含制定养护计划、根据养护计划或特殊情况开展作业、制定检测方案、下派任务、选取检测设备和仪器、根据任务进行现场检测、上传检测数据、数据分析、根据数据分析结果进行检测评定以及生成检测报告等流程。

结构检测与评定工作流程如图 5.3-1 所示。

图 5.3-1　结构检测与评定工作流程

结构检测与评定的数据项如表 5.3-1 所示。

结构检测与评定的数据项　　　　表 5.3-1

数据名称	数据内容描述
检测作业	包含所属结构编码、作业类别、触发条件、触发因由、起止时间、检测单位等信息
检测任务	包含所属检测作业编码、任务类型、检测项目类型、检测方法检测时间等信息
检测设备	包含设备型号、类型、编码、厂家、技术指标等信息
检测任务与设备关联	一个检测任务可包含多个检测设备，其关联信息应包含所属检测任务编码、所属检测设备编码等信息
检测结果	包含所属检测任务编码、检测项目类型、检测项目结果编码等信息
技术评定数据	包括检测结果编码、评定等级、评定规则、评定时间等信息
检测报告数据	包含检测任务编码、报告结论、报告日期、报告存储路径、养护建议等信息

在执行结构检测任务过程中，需根据检测任务、检测项目，采用相应的检测方法和检测设备，检测任务可分为几何形态参数检测、缺损检测以及材质性能检测，不同类型的检测任务又可包含不同的检测项目，如缺损检测可包含剥落、空

洞、蜂窝麻面、涂层劣化、锈蚀、焊缝开裂、螺栓损失等表观病害检测项目和裂缝检测项目。为更好地服务于结构检测，爬壁机器人、巡检机器人、智能感知设备等检测智能化设备也被引入桥梁检测项目。应对结构检测过程中所采用的检测设备的关键技术参数进行提炼，并进行结构化和标准化表达，为检测设备的数字化管理提供支撑。

几何形态参数的检测项目、检测方法及检测设备如表5.3-2所示。

几何形态参数的检测项目、检测方法及检测设备　　　　表5.3-2

检测项目	检测方法	检测设备
结构尺寸及几何形态参数检测	线形测量法	精密水准仪、电子水准仪、全站仪
	倾斜角测量法	倾角仪、测斜仪、垂球
	几何尺寸测量法	钢尺、卷尺、激光测距仪
	冲击回波法	回波检测仪

注：表中仅列举部分检测方法与检测设备。

缺损检测的检测项目、检测方法及检测设备如表5.3-3所示。

缺损检测的检测项目、检测方法及检测设备　　　　表5.3-3

检测项目	检测方法	检测设备
剥落、空洞、蜂窝麻面等表观病害	人工抵近法	相机、卡尺、测距仪
	表观检测法	表观检测仪器设备
	智能检测方法	混凝土表面巡检机器人、高耸结构物巡检无人机
裂缝	裂缝检测仪器法	裂缝宽度观测仪
	智能检测方法	混凝土表面巡检机器人、高耸结构物巡检无人机
内部缺损病害检测	雷达检测法	混凝土雷达检测装置
	超声-回弹综合法	非金属超声波测试仪、回弹仪
	钻芯法	专用钻机
	智能检测方法	桥梁多功能检测机器人、混凝土表面巡检机器人

续上表

检测项目	检测方法	检测设备
内部缺损病害检测	射线探伤法	X射线发生器
	智能检测方法	钢箱梁内轨道巡检机器人、钢箱梁外表面智能巡检机器人
涂层劣化、锈蚀、构件变形等病害	人工抵近法	相机、卡尺、测距仪
	脉冲反射法	脉冲发射器
	射线探伤法	X射线发生器
	智能检测方法	钢箱梁内轨道巡检机器人、钢箱梁外表面智能巡检机器人
支座老化变质、开裂、脱空、剪切变形、转动等	人工抵近法	卷尺、相机
	智能检测方法	吸附式钢结构桥梁检测装置、移动机器人
拉索锈蚀、拉索断丝、斜拉索锚固区损坏、索塔裂缝等	人工抵近法	相机、卡尺、测距仪
	电测法	电阻应变仪
	智能检测方法	斜拉索检测爬索机器人
基础冲刷、掏空；基础剥落、露筋；基础滑移、倾斜等	探地雷达法	探地雷达仪
	声波透射法	超声波测定仪、声波检测仪
	钻孔取芯法	专用钻机
	相控阵超声波检测	相控阵超声检测仪
	智能检测方法	环形爬升机器人、海洋紊流条件下结构精准检测水下机器人

注：表中仅列举部分检测方法与检测设备。

材质性能的检测项目、检测方法及检测设备如表5.3-4所示。

材质性能的检测项目、检测方法及检测设备　　表5.3-4

检测项目	检测方法	检测设备
混凝土强度检测	钻孔取芯法	专用钻机
	回弹法	回弹仪

续上表

检测项目	检测方法	检测设备
混凝土强度检测	超声-回弹综合法	超声波测定仪
混凝土碳化检测	化学试剂（酚酞酒精溶液）反应法	碳化深度测定仪
混凝土钢筋保护层厚度检测	电磁检测法	钢筋扫描仪、保护层厚度测定仪
	雷达法	混凝土雷达检测装置
钢筋锈蚀电位检测	电位法	钢筋锈蚀电位检测仪
	智能检测方法	混凝土表面巡检机器人
混凝土电阻率检测	四电极法	混凝土电阻率测试仪
氯离子含量检测	滴定法	氯离子含量测定仪
结构自振频率检测	自振法	加速度传感器、振动传感器
	共振法	加速度传感器、振动传感器
	脉动法	拾振器
吊索索力检测	压力传感器法	压力传感器
	磁通量法	磁通量传感器
	频率法	加速度传感器
	智能检测方法	非接触式微波索力快速检测仪
基础与地基检测	声波透射法	声波检测仪
	超声相控阵检测	超声波测定仪
	水下摄影法	相机
	智能检测方法	环形爬升机器人、海洋紊流条件下结构精准检测水下机器人
钢材强度检测	里氏硬度检测法	里氏硬度计
焊缝探伤	超声波测试法	声波探伤仪
	磁粉探伤法	磁粉探伤仪
	X射线探伤法	X射线探伤仪
防腐涂层厚度检测	磁性法	涂层厚度测试仪
连接螺栓扭矩检测	人工抵近逐构件检查	扭矩扳手

注：表中仅列举部分检测方法与检测设备。

针对不同检测项目进行检测所产生的检测结果内容有所不同,如对材质状况检测中的混凝土强度进行检测时,应包含混凝土实测强度推定值、混凝土设计强度等级、推定强度匀质系数等信息,对钢材强度进行检测时,应包含钢材实测强度值、钢材强度设计值等信息。基于不同检测项目所产生的检测结果不同,应对检测项目的检测结果信息进行标准化表达,为结构检测结果数据的数字化管理和结构检测评定提供基础。

结构检测结果的数据项如表 5.3-5 所示。

结构检测结果的数据项　　　　表 5.3-5

数据名称	数据内容描述
线形检测结果	包含检测项目结果编码、检测点起始坐标、检测点编号、检测点坐标等信息
恒载变异系数检测结果	包含检测项目结果编码、构件尺寸实测值等信息
混凝土强度检测结果	包含检测项目结果编码、混凝土实测强度推定值、混凝土测区平均换算强度值、混凝土设计强度等级等信息
钢材强度检测结果	包含检测项目结果编码、钢材实测强度值、钢材强度设计值等信息
焊缝探伤检测结果	包括检测项目结果编码、焊缝长度、焊缝直径、焊缝气孔个数、焊缝咬边深度等信息

注:表中仅列举部分检测结果数据。

结构检测过程中所涉及的信息应通过元数据来描述,结构检测元数据模型如图 5.3-2 所示。

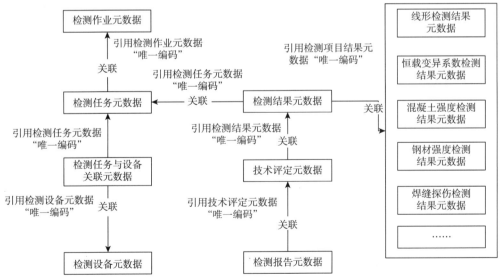

图 5.3-2　结构检测元数据模型

（2）桥岛隧一体化评估

《公路桥梁技术状况评定标准》（JTG/T H21—2011）以桥梁现有病害为基础进行评分，但规范要求检测病害之外的信息无法在评定报告中体现，如定期检查、特殊检查、承载能力评定及健康监测系统等，且把桥梁技术状况等级作为后期养护的唯一依据。《公路养护技术规范》（JTG H10—2009）考虑了病害发展趋势的影响，但《公路桥梁技术状况评定标准》（JTG/T H21—2011）未体现。当病害发展较快时，按照该标准的扣分值进行评定，不能反映桥梁的真实情况；反之，病害发展趋于稳定后，按该标准的扣分值进行扣分，评定结果偏大。管理者仅凭片面指标很难评价设施综合性能及做出合理决策。因此，为使病害评定结果更能贴近桥梁实际情况，应当在技术状况评定的基础上结合适应性评定以及监测数据进行分析。人工岛、沉管隧道以及交通工程设施的评估和桥梁评估方式具有相同原理。

在桥岛隧一体化评估时，选用综合性能评估替代原本的桥岛隧的人工定检结果，综合性能评估主要包括综合技术状况评估以及适应性评估，综合技术状况指标由人工定检结果以及构件专项评估结果综合得到，适应性指标则包括耐久性、通行能力、承载能力、抗灾害能力、铺面健康状况等。

综合技术状况评估遵循先构件再全桥的评估顺序，根据定检信息首先对各构件分别进行评估，再分层加权得到桥岛隧的综合技术状况。适应性评定工作的基础和依据是定期检查、特殊检查，是否需要做适应性评定，需根据检查结果和桥梁实际养护需求决定，针对适应性评定的承载能力、通行能力、抗灾能力评定，以全天候时空感知监测数据为基础，采用数据智能处理技术，在实现数据驱动的同时，建立服役性能评估预警的力学、数学模型，借助人工智能算法实现力学数学模型的迭代更新、反馈及自适应调整，形成融合大数据协同互联互通的桥岛隧实时在线评估及分级预警方法。适应性评估结果分为两类，第一类是耐久性评估结果，该指标作用到桥岛隧对象较细的层级，第二类是设施级评估结果，该类指标作用桥岛隧设施层级。

对于桥岛隧跨海集群工程的评估，首先将跨海集群工程划分为桥梁、人工岛岛、沉管隧道、交通工程设施四大类，再按照设施类型划分工程单元，各工程单元按照里程长短，结构的重要性进行权重划分，再按照各自的权重进行加权汇总得到桥岛隧跨海集群工程评分。桥岛隧一体化评估业务流程如图5.3-3所示。

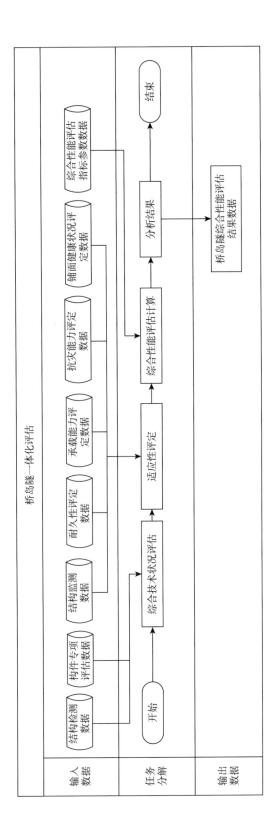

图 5.3-3　桥岛隧一体化评估流程

结构技术状况评定的数据项如表 5.3-6 所示。

结构技术状况评定的数据项　　　　　表 5.3-6

数据名称	数据内容描述
综合性能评估指标参数	包含交通基础设施对象编码、评估权重等信息
结构检测	包含所属结构编码、检测项目类型、检测项目结果编码等信息
构件专项评估	包含所属结构编码、技术状况评定参数编码、检测结果编码、得分、评估时间等信息
结构监测	包含所属结构编码、监测项目类型、监测项目结果编码等信息
承载能力评定	包含交通基础设施对象编码、状态等级、评定时间等信息
抗灾害能力评定	包含交通基础设施对象编码、状态等级、评定时间等信息
耐久性评定	包含交通基础设施对象编码、状态等级、评定时间等信息
铺面健康状况评定	包含交通基础设施对象编码、状态等级、评定时间等信息
桥岛隧综合性能评估结果	包含交通基础设施对象编码、状态等级、评定时间等信息

其中,构件专项评估是指对交通基础设施的关键易损构件,开展的针对性的专项评估,如桥梁构件专项评估包含拉索评估、伸缩缝评估、桥面板评估和支座评估等。以拉索评估为例,根据拉索加速度的实时监测数据,并结合拉索的现场检查数据,开展拉索索力的实时识别,并对拉索状态进行评估;同时,对拉索的使用寿命进行预测。拉索评估业务流程如图 5.3-4 所示。

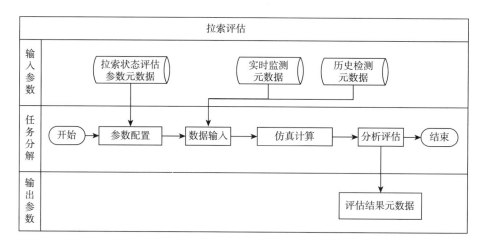

图 5.3-4　拉索评估业务流程

拉索评估的数据项如表 5.3-7 所示。

拉索评估的数据项　　　　　表 5.3-7

数据名称	数据内容描述
拉索状态评估参数	包括基本参数、设计参数等信息
拉索实时监测	包含所属结构对象编码、拉索加速度、监测时间等信息
检测结果	包含所属检测任务编码、检测项目类型、检测项目结果编码等信息
拉索评估结果	包含拉索状态以及拉索寿命预测等信息

(3) 元数据模型

以桥岛隧一体化评估为例，主要元数据及关联关系如图 5.3-5 所示。

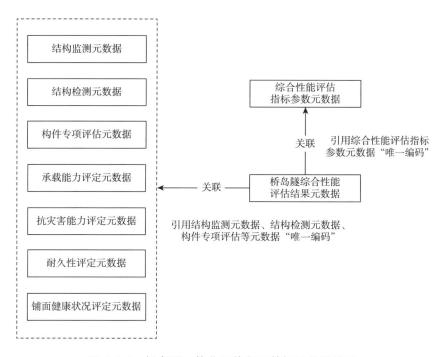

图 5.3-5　桥岛隧一体化评估各元数据及关联关系

5.3.3　应用举例

以桥梁检测作业为例，桥梁检测作业主要包含作业名称、触发条件、触发因由等信息，桥梁检测作业元数据如表 5.3-8 所示。

表 5.3-8 桥梁检测作业元数据

中文名称	英文名称	数据类型	表示格式	计量单位	约束条件	值域	定义	信息分类	备注
唯一编码	id	字符型	a..ul	—	M	/	作业的唯一标识码	标识信息	
检测对象唯一编码	detectionObjectId	字符型	a..ul	—	M	引用桥岛隧各层级结构对象元数据唯一编码	被检测的结构、部件、构件的唯一编码	标识信息	
作业名称	detectionWorkName	枚举型	n1	—	M	I1 初始检查 I2 日常巡查 I3 经常检查 I4 定期检查 I5 特殊检查	作业类型的专有名词	标识信息	
触发条件	triggerCondition	枚举型	n1	—	M	I1 时间触发 I2 事件触发	作业的触发条件	标识信息	
……	……	……	……	……	……	……	……	……	……

5.4 维养决策

5.4.1 编写背景

维养决策旨在协调结构安全性和经济成本的矛盾,涉及领域较多,一般需要结构健康监测、结构检测、养护工程等数据的协同作用。由于不同系统所属领域不同,记录格式也有所差异。为规范桥岛隧维养决策数据格式,加快桥岛隧结构监测信息化建设,提高桥岛隧结构维养决策工程的效率,需对桥岛隧维养决策数据做统一规范。

5.4.2 主要内容

维养决策数据标准主要包含对维养决策业务流程、结构性能预测以及维养决策问题求解等方面数据的标准化。

(1)业务流程

实现设施维养决策的业务流程为:首先,根据设施结构监测数据、检测数据和维养数据,对设施状况进行综合性能评估,对于无养护条件下的设施性能演变进行预测,作为养护后性能提升的参照;其次,在选定维养场景、明确优化目标与预算约束条件后,通过算法求解得出全体待养护构件的维养方案后,再通过综合评估与性能预测对维养效果进行评估;最后,将拟定的维养方案与预计的养护效果呈现给用户,用户满意后直接输出维养计划与规划,否则调整优化目标与预算约束,再次拟定维养方案,指导周期内年度预算分配。

设施维养决策的数据项如表 5.4-1 所示。

设施维养决策的数据项　　　　表 5.4-1

数据名称	数据内容描述
维修记录	包含维修起止时间、维修类型、所属病害编码、维修设备编码等信息
决策规则	包含决策方法、病害程度等级、决策类型等信息

续上表

数据名称	数据内容描述
维养方案	包含方案类别、方案描述、决策类型、维养工程量、耗时、成本等信息
维修结果	包括所属维修记录编码、所属决策规则编码、所属维养方案编码、维修结果描述、图片等信息

(2) 结构性能预测

结构性能预测以结构性能评估及追踪为基础,利用性能评估历史数据所蕴含的趋势,预测未来结构性能的演变,其作用包括推测构件的最佳养护时机和评估维养活动的长远收益。将综合评估算法输出的设施评分作为性能预测的起点,性能预测的结果将作为维养规划的重要参考。性能预测主要分为三大模块:构件选择、性能劣化曲线以及构件养护修正。其中,构件选择数据主要包含构件编码、构件权重、服役年限以及构件所处状态概率分布等属性;性能劣化曲线数据包括构件编码、综合评级编码、构件所处状态概率分布、大气腐蚀系数、构件厚度、状态转移矩阵、失效时间等属性;构件养护修正数据主要包含构件编码、维养次数、维养措施、养护费用等属性。

性能预测的数据项如表 5.4-2 所示。

性能预测的数据项 表 5.4-2

数据名称	数据内容描述
构件选择	包含所属构件编码、构件权重、服役年限、构件所处状态概率分布、时间等信息
性能劣化曲线	包含所属构件编码、综合评级编码、构件所处状态概率分布、大气腐蚀系数、构件厚度、状态转移矩阵、失效时间等信息
构件养护修正	包含性能劣化曲线编码、所属构件编码、维养次数、维养措施、养护费用、养护时间等信息

(3) 维养决策问题求解

维养决策问题可分解为如下多个步骤(图 5.4-1):首先,根据综合评估与性能预测数据对存在缺陷或病害的构件进行维养紧迫性评估;然后,为每个构件或构件组(存在同类病害的同种构件)选定养护策略;根据养护策略与构件病害信息,从措施库选取合适的维养措施并拟定养护时间,制订构件维养方案;调用综合评估与性能预测算法,对养护效果进行评估,同时调用成本评估模块进行养护费用估算;对于紧急类的构件或构件组,直接根据养护效果与成本对构件维养方案进行优化求解,选定各个构件或构件组的最优维养方案并优先执行;对于其他构件,在预算充足的情况下求解全局最优方案,如果预算已耗尽,则将尚未维养的构件视为积压工作顺延至下一维养阶段;最后,输出整个设施的推荐维养方案与相应的效果、成本数据,供用户决策。

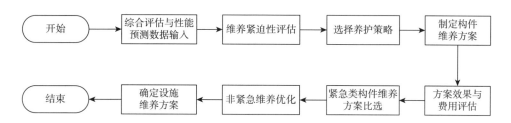

图 5.4-1　维养决策问题求解流程

维养决策问题求解流程中的数据项如表 5.4-3 所示。

维养决策问题求解流程中的数据项　　表 5.4-3

数据名称	数据内容描述
养护策略	包含养护策略类型(日常养护、预防养护、修复养护、专项养护和应急养护)、养护策略描述等信息
维养紧迫性评估	包含所属结构编码、养护策略编码、维养方案编码、评估结果等信息
方案效果与费用评估	包含所属维养方案编码、维养紧迫性评估编码、维养总成本、可支配预算等信息
设施维养方案选择	包含所属结构编码、所属维养方案编码、可支配预算、维养次序等信息

(4)元数据模型

维养决策主要元数据模型如图 5.4-2 所示。

5.4.3　应用举例

以综合评级为例,综合评级数据主要包含所构件选择、技术状况、风险评分、交通状况评分、韧性评分等信息,如表 5.4-4 所示。

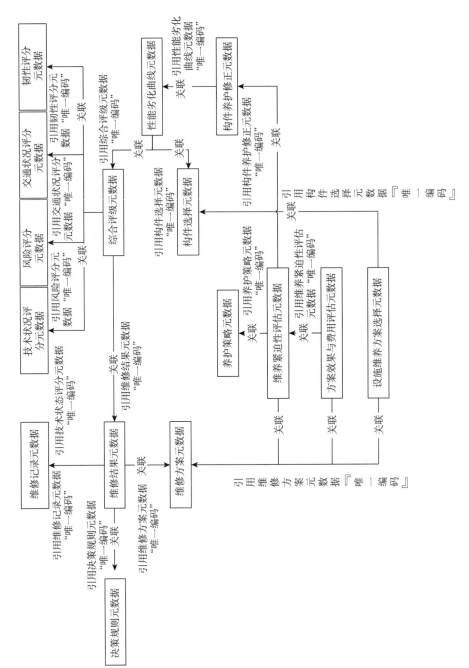

图 5.4-2 维养决策元数据模型

表 5.4-4 综合评级元数据

中文名称	英文名称	数据类型	表示格式	计量单位	约束条件	值域	中文定义	信息分类	备注
唯一编码	id	字符型	a..ul	—	M	/	/	标识信息	
所属维养方案编码	maintenanceSchemeId	字符型	a..ul	—	M	/	/	标识信息	
构件选择编码	componentsId	字符型	a..ul	—	M	/	/	标识信息	
技术状况评分编码	conditionScoreId	字符型	a..ul	—	M	/	/	标识信息	
风险评分编码	riskScoreId	字符型	a..ul	—	M	/	/	业务信息	
交通状况评分编码	mobilityScoreId	字符型	a..ul	—	M	/	/	业务信息	
韧性评分编码	resilienceScoreId	字符型	a..ul	—	M	/	/	业务信息	
构件综合评级编码	compositeRatingOfComponents	枚举型	n1	—	M	l 1 l 2 l 3 l 4 l 5	构件在维养决策时的优先级	业务信息	

5.5 养护工程

5.5.1 编写背景

桥岛隧养护作为运营管理的重要组成部分，有着极其重要的意义。桥岛隧养护管理单位众多，难以有统一的管理标准，桥岛隧运营过程中由于缺少必要的管理养护，造成在役桥岛隧技术状态不明确。因此，有必要制定相应管养规划，采取合理养护工程措施，保持桥岛隧的正常运营。养护工程一般包括养护规划及设计、施工、验收等流程，具体分为保洁工程、小修工程、大中修工程，并对养护工程全链条数据流程和数据组织表达提出要求，为规范桥岛隧养护工程数据格式，加快桥岛隧养护工程信息化建设，提高桥岛隧养护工程数据的共享与利用，需编制养护工程数据标准。

5.5.2 主要内容

跨海集群工程养护工程包含预防性养护工程、修复性养护工程、专项养护工程和应急养护工程。每个养护工程的实施都应包含养护规划及设计、养护施工以及验收等业务流程，应剖析业务流程，提取相关业务信息，并进行信息组织与数据结构化设计，形成标准化的数据，本节主要对养护规划及设计流程、养护施工及验收等业务流程以及业务所涉及的数据项等内容进行探讨。

1）养护规划及设计

（1）养护规划

养护规划是通过对桥岛隧构件现状的调查与检测、监测以及养护决策结果，结合历年病害发展、养护效果、交通量等历史数据，评价桥岛隧现状水平，分析病害发展趋势，进行桥岛隧使用性能预测，制订出一定时期内针对性强、经济适用的桥岛隧养护计划。养护规划是桥岛隧养护管理的重要一环，是主动处理养护问题、实现预防性养护理念的重要方法。

养护规划过程的数据项如表 5.5-1 所示。

养护规划过程的数据项　　　　　　　　　　表 5.5-1

数据名称	数据内容描述
养护任务	包含任务目标、执行任务的起止时间、任务类型等信息
养护计划	包含养护任务编码、计划类型（年度计划、季度计划、月度计划）、工程量、预算费用、施工单位、计划完成时间等信息

（2）养护设计

养护设计宜根据养护规划，并结合养护决策信息和路况检测信息进行，养护设计包括方案设计、施工图设计、交通组织设计和施工图预算等内容。其中，方案设计宜结合养护工程类别、养护决策、路况检测信息进行，养护施工图设计宜结合方案设计、路况检测结果、养护决策等信息进行，交通组织设计宜结合养护方案设计、施工图设计和交通状况等信息进行编制，施工图预算宜结合施工图设计、交通组织设计进行编制。

养护设计过程的数据项如表 5.5-2 所示。

养护设计过程的数据项　　　　　　　　　　表 5.5-2

数据名称	数据内容描述
养护方案设计	包括所属养护规划编码、设计对象、设计范围、养护对策、技术方案、维修工艺等信息
养护施工图设计	包括所属养护规划编码、维修工艺、维修工程量、质量要求、验收标准等信息
交通组织设计	包含所属养护规划编码、施工进度安排、交通保障措施、安全保障措施等信息
养护施工图预算	包含所属养护规划编码、编制说明、编制依据、费用汇总表、费用预算表和工料机数量单价表等信息

2）养护施工及验收

养护施工是根据养护设计进行工程维修养护的过程，养护施工主要包含养护工程招投标、开工许可、施工管理等数据。养护施工数据的信息形式可为文字、图像、语音、视频、文档文件等。养护工程招投标文件宜结合养护设计、施工图预算、养护工程计划等信息编制，养护工程开工许可资料宜结合养护设计、施工合同、施工组织方案、交通组织方案信息编制，养护工程施工宜结合沉管隧道养护设计、养护施工组织方案开展。

养护施工及验收过程中的数据项如表5.5-3所示。

养护施工及验收过程中的数据项　　　　表5.5-3

数据名称	数据内容描述
养护工程招投标	包括招标信、投标、评、定标、中标等信息
养护工程开工许可	包括养护施工方案、交通组织方案、拟投入人员信、拟投入机械设备等信息
养护施工管理	包括养护任务编码、开工时间、施工单位、合同金额、结算金额等信息
养护施工进度	包含养护任务编码、计划开始时间、计划结束时间、形象进度、施工状态、进度偏差、偏差原因等信息
养护施工质量	包含养护任务编码、质量问题、质量问题原因、发现时间、处理方案等信息
养护造价	包含养护任务编码、投资估算、设计概算、施工图预算、支付金额、工程量等信息
排水设施维修质量检验	包括养护任务编码、排水设施维修材料是否合格、混凝土强度、断面尺寸等信息
OMEGA止水带质量检验	包含养护任务编码、止水带材料是否合格、螺母预紧力是否合格、接头是否合格、外观质量是否合格等信息

注：表中仅列举部分质量检测数据。

3）元数据模型

桥岛隧养护工程元数据之间的关联关系如图5.5-1所示。

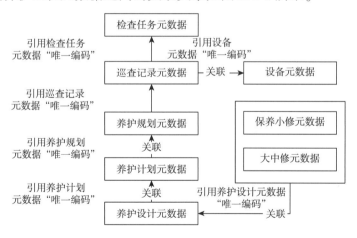

图5.5-1　桥岛隧养护工程元数据模型

5.5.3　应用举例

养护工程验收中的沉管隧道OMEGA止水带质量检验元数据如表5.5-4所示。

OMEGA 止水带质量检验元数据

表 5.5-4

中文名称	英文名称	数据类型	表示格式	计量单位	约束条件	值域	定义	信息分类	备注
唯一编码	id	字符型	a.. ul	—	M	/	标识 OMEGA 止水带质量检验数据的唯一编码	标识信息	
养护工程任务唯一编码	maintenanceProjectTaskId	字符型	a.. ul	—	M	/	养护工程施工任务的唯一标识码	标识信息	
材料	material	枚举型	n1	—	M	l1 合格 l2 不合格	止水带的材质、规格及质量、断面尺寸、长度、转角尺寸	基本要求	
螺母预紧力	nutPreload	枚举型	n1	—	M	l1 合格 l2 不合格	螺栓紧固 7d 后用力矩扳手检查螺母预紧力	基本要求	
接头	joint	枚举型	n1	—	M	l1 合格 l2 不合格	管节接头在设计水压作用下检漏水压及压件系 2h 水压无下降	基本要求	
螺孔定位	screwHolePositioning	数值型	n.. ul	mm	M	/	预埋套筒及压件系统螺孔定位	实测项目	
外观质量	appearanceQuality	枚举型	n1	—	M	l1 合格 l2 不合格	伸缩装置外观缺陷	实测项目	
材料检验报告	materialInspectionReport	字符型	a.. ul	—	M	/	维修材料的质量检验报告	质量保证资料	
工序检查资料	processInspectionData	字符型	a.. ul	—	M	/	施工过程中的检验资料	质量保证资料	

5.6 本章小结

"三分建、七分养",加强桥岛隧日常维修养护是桥岛隧工程设施完好和安全运营的主要保证,桥岛隧设施维养涉及的业务包含结构监测、检测、桥岛隧一体化评估、维养决策、养护等,为加强桥岛隧维养规范化、标准化,促进桥岛隧维养工作管理效率提升,需引进先进的现代化智能技术,综合考虑智能化装备及技术的集成应用,全面考虑影响桥岛隧安全性和耐久性的因素,引入桥岛隧综合一体化评估的评价体系,结合国内外相关规范,对维养业务进行分类梳理各类业务的全流程,规范桥岛隧维养作业流程和相应技术方法,提取全业务中所涉及的信息,进行结构化设计,形成标准化的维养业务数据集,打通维养业务数据链路,为桥岛隧工程设施的智能化运维提供支撑,提高桥岛隧运维管理水平,降低桥岛隧维养成本,提高运维效率,使得桥岛隧工程设施使用性能得以改善,寿命得以延长,提升设施承载能力,减少和避免事故的发生。

CHAPTER 6 | 第6章

运营业务类标准

6.1 概述

随着道路交通的迅速发展,交通运营管理的压力和挑战也日益加大。为了应对这些挑战,交通基础设施运维管理的数字化转型成为交通行业发展的必然趋势。这种转型不仅是新发展阶段交通系统全面深化改革的重要抓手,也是提高交通运营效率、优化资源配置的关键步骤。尽管行业内已经针对不同类型交通基础设施的运营管理采取了相应措施,但传统的基于路面监测设备的交通基础设施运行监测方法仍存在局限性。这些局限性包括设备布设范围和密度的问题,使得在监测范围、应用深度、响应时间等方面还存在较大的不足。针对大型跨海跨境集群工程交通基础设施在复杂海上环境下安全运营和快速应急的需求,如何提高其安全运营管理效率,如何提高交通管控的针对性、时效性、预测性是新型交通基础设施数字化转型的关键。考虑采用先进智能化装备,结合物联网和互联网技术,对交通基础设施运营中所存在的风险进行智能识别、预警、应急以及评估。本章主要探讨"互联网+"背景下实现跨海集群工程交通运行与应急管控数据的标准化,为交通运营的数字化平台建设提供支撑。

跨海集群工程在运营过程中主要涉及公路巡查、交通行为风险识别、风险预警、应急、评估等业务,基于跨海集群工程全域交通应急管控需求,综合考虑智能化装备及技术的集成应用,交通运营业务可分为面向公路数字化的智能巡查、交通行为风险分类分级与智能识别、基于雷达组群的道路全域交通数字孪生及风险预警、基于多元传感器的长封闭隧道内定位服务、基于人机协同的运维应急技术、安全营运数据汇聚与运维作业评价等,为规范跨海集群工程运营作业流程和相应技术方法,形成标准化的运营类业务数据集,以打通运营业务数据链路。其包含的标准如图2.7-1所示。

6.2 面向公路数字化的智能巡查

6.2.1 编写背景

公路巡查是进行日常养护维修的支撑条件,巡查结果的准确性、数据的全面性与更新的时效性直接影响了养护资金效益的发挥。智能巡查主要是利用轻量化检测终端对道路、桥梁、隧道及其沿线设施的外观状况、服役状况以及路政异常事件进行自动化的巡视检查,并采用信息化手段对巡查结果进行自动的分析、计算、结构化存储与发布,用以及时确认跨海集群工程公路基础设施的安全、完好、稳定、舒适,指导养护维修工作的实施。为了达到优化公路巡查业务流程、提升养护效能为目的,需对公路数字化的智能巡查的业务流程以及巡查数据等内容进行标准化,提升跨源数据联合分析水平。

6.2.2 主要内容

为了实现公路智能巡查数字化,需要对巡查业务流程、巡查内容以及巡查过程中所涉及的数据等内容进行标准化。其中,巡查的主要流程应由任务下发、机器人搭载设备、执行巡查任务以及巡查结果管理等业务节点组成,巡查内容包含巡查的类别、巡查具体内容以及针对巡查具体内容得到结果的评价方法。

(1)业务流程及数据

面向公路数字化的智能巡查是机器人通过制订的巡查计划,搭载巡查设备,按照规划的巡查路线和巡查内容进行巡查作业,巡查频次应根据数字化需求制定,面向公路数字化智能巡查业务主要流程如图 6.2-1 所示。

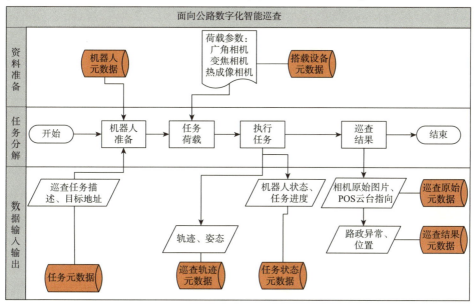

图 6.2-1 面向公路数字化智能巡查业务主要流程

智能巡查数据除了包含机器人执行任务过程中的搭载设备、路线规划、实际轨迹、设备实时状态以及原始采集等信息,还应包含由智能巡查硬件装备采集获得巡查原始数据经过处理得到的巡查结果数据。面向公路数字化智能巡查的数据项如表6.2-1所示。

面向公路数字化智能巡查的数据项　　　　表6.2-1

数据名称	数据内容描述
机器人	机器人本身的相关属性,包含类型、型号、动力方式等信息
搭载设备	机器人执行任务所搭载的设备本身的属性,包含广角相机、变焦相机、热成像相机的有效像素、变焦倍数等信息
任务	机器人进行路政巡查的任务描述,包含执行任务的起止时间、任务触发条件、目标地址、巡查内容等信息
路线规划	对机器人的路线规划涉及的属性进行罗列,主要为空间坐标点等信息
巡查轨迹	机器人实际的巡查轨迹属性,包含巡查时间、续航时间、坐标点等信息
任务状态	机器人路政巡查任务执行情况,包含任务执行进度、数据采集数量和可用存储数量、剩余电量、故障等无人机状态数据
巡查原始	由机器人上搭载的设备采集到的原始数据,包含照片、视频等,原始数据文件格式和处理形成结果数据的软件
巡查结果	由机器人上搭载的设备采集到的数据

(2)巡查内容及数据

公路数字化智能巡查内容包括公路、桥梁、隧道的路面状况、路基状况及沿线设施状况以及路政异常事件的巡查,不同的巡查内容,其评价方法有所不同,如表6.2-2所示。

公路数字化智能巡查内容　　　　表6.2-2

巡查类别	巡查内容	评价方法	推荐等级
路面状况巡查	路面病害	病害位置、类别及尺寸	应巡查
	路面污损	污损位置、类别及尺寸	应巡查
	路面平整度	行驶质量指数、行驶舒适度	宜巡查
	异常颠簸	颠簸位置及程度	宜巡查
路基状况巡查	路基结构损伤	损伤位置、深度、类型及尺寸	宜巡查
	路基沉降	沉降位置、沉降范围及程度	宜巡查
	排水不畅	富水位置及范围	可巡查

续上表

巡查类别	巡查内容	评价方法	推荐等级
沿线设施状况巡查	防护设施完整性	防护设施损坏位置及程度	可巡查
	隔离设施完整性	隔离设施损坏位置及程度	应巡查
	标线污损	标线损坏位置及程度	应巡查
	标志污损	标志损坏位置及程度	应巡查
	结构物损坏	结构物损坏位置及程度	应巡查
	绿化管护不善	绿化异常位置	宜巡查
	排水设施堵塞	排水设施堵塞位置	宜巡查
路政异常事件巡查	路面抛撒物	抛撒物位置及尺寸	可巡查
	非公路标志	违法标志位置	宜巡查
	交通事故	事故位置、时间及程度	宜巡查
	占道违停	占道违停位置及车道	可巡查
	超限车辆	超限类型及车牌号	可巡查
	行人侵入	侵入位置及时间	可巡查

（3）元数据模型

面向公路数字化智能巡查元数据模型如图 6.2-2 所示。

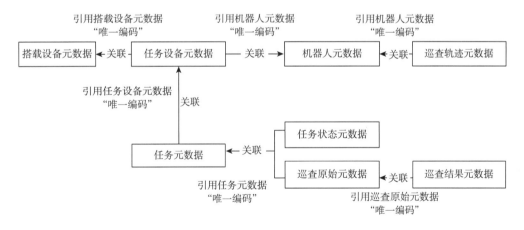

图 6.2-2　面向公路数字化智能巡查元数据模型

6.2.3　应用举例

巡查结果元数据如表 6.2-3 所示。

表 6.2-3 巡查结果数据元数据

中文名称	英文名称	数据类型	表示格式	计量单位	约束条件	值域	定义	信息分类	备注
唯一编码	id	字符型	a..ul	—	M	/	巡查结果数据的唯一编码	标识信息	
巡查原始数据编码	inspectionRawDataId	字符型	a..ul	—	M	引用巡查原始数据唯一编码	标识巡查原始数据的唯一代码	标识信息	
识别方式	inspectionIdentify	枚举型	nl	—	M	11 自动化识别 12 人工识别	巡查病害、事件的识别方式	巡查信息	
起点桩号	startPointStakeNumber	字符型	an..ul	—	M	/	沿着道路前进方向,病害/事件起点处的桩号	位置信息	
终点桩号	endingPointStakeNumber	字符型	an..ul	—	M	/	沿着道路前进方向,病害/事件终点处的桩号	位置信息	
巡查方向	direction	枚举型	nl	—	M	11 上行 12 下行	巡查病害/事件所处的行车方向	巡查信息	

续上表

中文名称	英文名称	数据类型	表示格式	计量单位	约束条件	值域	定义	信息分类	备注
病害/事件名称	inspectionName	字符型	a.. ul	—	M	/	用以描述巡查发现的具体病害/事件类型的专有名词	巡查信息	
线状病害尺寸	inspectionLength	数值型	n.. ul,2	m	M	/	线状病害最小外接矩形的对角线长	巡查信息	
面状病害尺寸	inspectionArea	数值型	n.. ul,2	m²	M	/	面状病害最小外接矩形的面积	巡查信息	
病害/事件程度	inspectionLevel	枚举型	n1	—	M	l1 轻 l2 中 l3 重	根据病害/事件的严重等级进行分类	巡查信息	
备注	desc	字符型	a.. ul	—	M		需要额外描述的相关信息	巡查信息	

6.3 交通行为风险分类分级与智能识别

6.3.1 编写背景

目前,公路领域的交通安全风险评估主要侧重于静态公路设施风险的评估或面向宏观交通流层面的交通运行风险评估,对于个体车辆交通行为风险的精细化、动态化、智能化评估较为欠缺,从而无法准确地对未来可能发生的交通事件进行预测预警,导致道路通行能力的降低以及道路交通管理难度的增加。近年来,随着交通运输新基建的发展,大数据、人工智能等信息技术已经在交通运输领域得到较多应用,为交通行为风险的动态化、精细化评估提供了技术支撑手段。为推动交通行为风险智能识别与预警技术领域发展,促进相关数据的共享和利用,有必要进行交通行为风险分类分级与智能识别的标准化工作。

6.3.2 主要内容

交通行为风险分类分级与智能识别的标准化工作主要包括对跨海集群工程个体交通车辆的交通行为风险智能化识别与预警、异常交通行为识别、异常交通行为预测预警以及信息结构化表达等方面的内容。

(1)业务流程及数据

跨海集群工程异常交通行为风险智能识别与预警宜按数据采集、车辆异常交通行为智能辨识、风险预测、异常交通行为风险等级划分、预警策略发布实施等步骤实施,工作流程如图 6.3-1 所示。

异常交通行为识别是不干扰驾驶人安全驾驶,利用车辆雷达监测数据,结合非干扰式车载终端采集的驾驶人员面部表情、行为动作、生理指标等数据,依据相关指标的异常判别标准来识别异常交通行为的业务。异常交通行为预测预警是基于连续的个体车辆运行、驾驶行为等数据,对车辆行驶轨迹等指标的变化趋势进行短时预测,基于预测结果而触发的预警机制。异常交通行为预测预警按照车辆分类以及风险分级阈值,判别可能出现的高风险异常交通行为,并进行预警,生成干预策略。

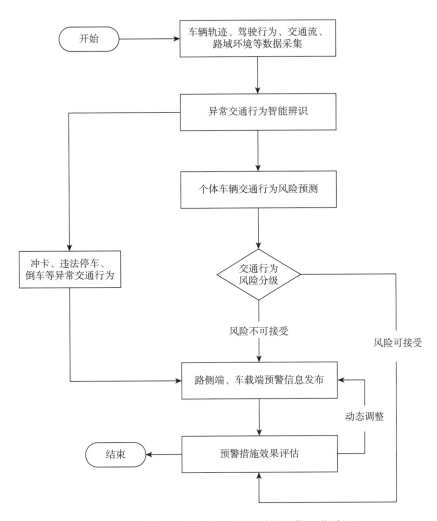

图 6.3-1 交通行为风险智能识别与预警工作流程

交通行为风险分类分级与智能识别业务流程中主要包括车载预警终端、车辆行驶轨迹、个体车辆交通风险分级、异常个体车辆状态、异常行为分级预警、预警策略、疲劳监测、驾驶人行为和终端车辆运行状态等数据，如表 6.3-1 所示。

交通行为风险分类分级与智能识别的数据项　　　表 6.3-1

数据名称	数据内容描述
车载预警终端	包含设备编号、临时代码、版本信息、车辆编号等信息
车辆行驶轨迹	包含路侧雷达、视频等设备采集的个体车辆位置、速度、加速度等信息

续上表

数据名称	数据内容描述
个体车辆交通风险分级	包括车头时距、车头间距、车辆速度、道路相对纵向与横向位置、是否有追尾危险、是否超速、是否驶出车道外、行驶轨迹是否异常、风险等级等信息
异常个体车辆状态	包含冲卡、事故、违法停车、倒车、超速等异常事件信息
异常行为分级预警	包括异常车辆类型和预警等级等信息
预警策略	包含预警等级、内容和发布形式等信息
疲劳监测	包含反映驾驶人疲劳状态的眨眼、闭眼、打哈欠等信息
驾驶人行为	包含反映驾驶人在车内行为的打电话、看手机、低头、喝水、抽烟、未系安全带、单手离开方向盘、双手离开方向盘等信息
终端车辆运行状态	包含记录车辆自身状态的速度、加速度、绝对位置、纵向位置、横向位置等信息

（2）元数据模型

交通行为风险分类分级与智能识别中所涉及的信息通过元数据来描述，主要元数据之间的关联关系如图6.3-2所示。

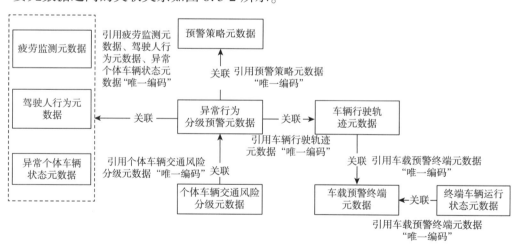

图6.3-2 交通行为风险智能识别元数据模型

6.3.3 应用举例

异常交通行为分级预警元数据如表6.3-2所示。

第6章 运营业务类标准

表 6.3-2 异常交通行为分级预警元数据

中文名称	英文名称	数据类型	表示格式	计量单位	约束条件	值域	定义	信息分类	备注
唯一编码	id	字符型	a..ul	—	M	/	标识异常交通行为分级预警数据的唯一编码	标识信息	
车载预警终端编码	vehicleWarningTerminalId	字符型	a..ul	—	M	/	标识车载预警终端的唯一编码	标识信息	
异常类型	abnormalType	字符型	a..ul	—	M	/	异常类型	标识信息	
预警策略编码	warningId	字符型	a..ul	—	M	/	标识预警策略的唯一编码	标识信息	
预警时间	warningTime	日期时间型	YYYY-MM-DD hh:mm:ss	—	M	/	预警时间	标识信息	
……	……	……	……	……	……	……	……	……	……

6.4 基于雷达组群的道路全域交通数字孪生及风险预警

6.4.1 编写背景

目前,传统的交通运行监控和管理智能化严重不足,导致许多交通事件不能"及时发现",从而不能"即时处理",极易引发二次事故,严重影响交通通行能力、运营效率与交通安全。如何通过自动检测技术尽早发现事件、确认事件的性质并及时采取救援措施,同时为其他交通参与者提供相关信息,是交通运行优化控制的关键。如今,随着信息化创新不断地深化,新一轮科技革命方兴未艾,大数据、云计算、人工智能等新兴技术应用正在不断充实智能交通系统的内涵,不断拓展智能交通技术体系的应用范围。随着各种预警感知设施与技术的不断发展,交通感知手段越来越精细化,风险管控精细度和时效性越来越不受限制,基于雷达的精度高、响应速度快、可靠性高等特点,考虑使用雷达组群实现跨海集群工程的道路交通数字孪生和风险预警,提升跨海集群工程运行水平、交通异常事件感知及交通运行风险实时动态评估与检测水平。

为了实现跨海集群工程道路全域交通的运行管控与风险预警,并为智能化运维提供低延迟、高精度、双向交互的数字底座支撑,需对基于雷达组群技术的道路全域智能监控、预警和主动管控的业务流程和其间产生的数据进行标准化,进而促进智能监控和预警系统构建以及日常运营监控信息采集、风险预警、管控方案等数据共享和传递。

6.4.2 主要内容

为实现道路运营安全主动管控的目标,对道路智能监控、预警和主动管控的业务流程和其间产生的数据进行标准化。基于雷达组群的道路全域交通数字孪生及风险预警主要包含风险预警、事件检测与监控的作业流程,并根据作业流程中各节点,统一组织数据。

(1)业务流程及数据

基于雷达组群的道路全域交通数字孪生及风险预警包含交通监控、数字孪生及平行仿真、交通运行风险预警等业务。交通监控包含对道路全域车辆轨迹、全域车辆车速、交通流信息、交通事件等信息的感知。交通数字孪生是对信息模型、设施运营管养、交通运行管控与出行服务、高精度地图等数据进行数据汇聚与管理,平行仿真是通过虚实互动与系统演进技术,实现现实物理空间与数字空间的互操作和双向互动。数字孪生及平行仿真包含路网三维表征、车道、曲率、公路设施等公路要素信息,数字孪生与平行仿真还需包含交通事件仿真。交通运行风险预警是交通风险态势分析的结果,并综合考虑天气环境、超速与低速行驶、交通流状态、施工作业区等因素,根据风险预警规则,对交通运行状态进行预警。交通运行风险预警包括风险预警规则、告警方式、应对措施等信息。

基于雷达组群的道路全域交通数字孪生及风险预警是通过在交通基础设施道路上布置毫米波雷达装备,根据雷达实时监测的雷达数据,对经过的车辆轨迹进行实时监测,并结合气象监测数据融合分析,得到交通风险态势及预警数据。基于毫米波雷达的全域交通数字孪生及风险预警业务流程如图6.4-1所示。

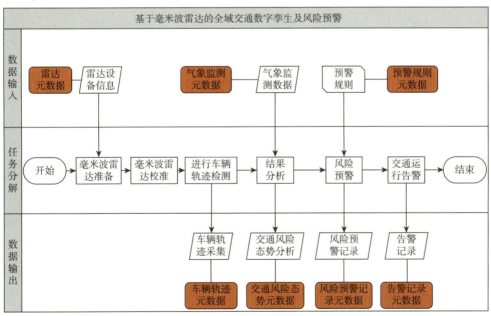

图6.4-1 基于毫米波雷达的全域交通数字孪生及风险预警业务流程

基于毫米波雷达的全域交通数字孪生及风险预警的数据项如表6.4-1所示。

基于毫米波雷达的全域交通数字孪生及风险预警的数据项　　表6.4-1

数据名称	数据内容描述
雷达	毫米波雷达本身的相关属性,包含类型、型号、位置等信息
气象监测	包含气温、降水、湿度、风速、风向等信息
车辆轨迹	包含雷达编码、车辆编码、时间戳、坐标点、速度等信息
交通风险态势	包含车辆轨迹编码、气象监测数据编码、风险态势等信息
预警规则	包含等级、预警类别、交通事件类别等信息
风险预警记录	包含预警规则编码、交通风险态势编码、预警时间、预警等级、预警消除、消除时间、应急措施等信息
告警记录	包含风险预警记录编码、告警时间、告警方式等信息

(2)元数据模型

基于雷达组群的道路全域交通数字孪生及风险预警元数据模型如图6.4-2所示。

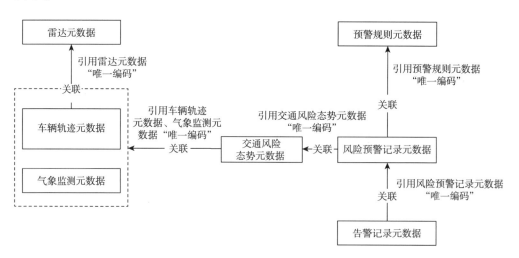

图6.4-2　基于雷达组群的道路全域交通数字孪生及风险预警元数据模型

6.4.3　应用举例

交通风险态势元数据如表6.4-2所示。

表 6.4-2 交通风险态势元数据

中文名称	英文名称	数据类型	表示格式	计量单位	约束条件	值域	定义	信息分类	备注
唯一编码	id	字符型	a..ul	—	M	/	标识交通风险的唯一代码	标识信息	
交通风险数据编码	eventDataId	字符型	a..ul	—	M	引用车辆轨迹元数据、异常事件元数据、气象元数据"唯一编码"	标识交通风险数据的唯一代码	标识信息	
路段起点桩号	startStake	字符型	a..ul	—	M	/	路段起点所在桩号	位置信息	
路段终点桩号	endStake	字符型	a..ul	—	M	/	路段终点所在桩号	位置信息	
车道编号	laneId	字符型	a..ul	—	M	10 最内侧车道 11 中间车道 12 最外侧车道	车道编号	位置信息	
交通流状态	flowData	枚举型	n1	—	M	l1 一级态势 l2 二级态势 l3 三级态势 l4 四级态势	交通流风险状态	风险信息	
交通事件	accidentId	枚举型	n..ul	—	M	l1 一级态势 l2 二级态势 l3 三级态势 l4 四级态势	交通事件类型	风险信息	

续上表

中文名称	英文名称	数据类型	表示格式	计量单位	约束条件	值域	定义	信息分类	备注
交通违法行为	unlawfulAct	枚举型	n1	—	M	l1 一级态势 l2 二级态势 l3 三级态势 l4 四级态势	交通违法行为类型	风险信息	
时间戳	time	日期时间型	a..ul	—	M	/	数据采集时间	时间信息	
历史交通事故统计	hisAccident	字符型	a..ul	—	M	/	历史事故数	风险信息	
施工情况	workZone	枚举型	n1	—	M	l1 是 l0 否	桥面是否有施工	施工信息	
气象条件	weather	枚举型	n1	—	M	l1 一级态势 l2 二级态势 l3 三级态势 l4 四级态势	气象风险状态	气象信息	
路面条件	pavementState	枚举型	n1	—	M	l1 一级态势 l2 二级态势 l3 三级态势 l4 四级态势	路面风险状态	风险信息	
态势风险等级	riskLevel	枚举型	n1	—	M	l1 一级态势 l2 二级态势 l3 三级态势 l4 四级态势	态势风险等级	风险信息	

6.5 基于多元传感器的长封闭隧道内定位服务

6.5.1 编写背景

传统的交通基础设施沉降变形监测精度依赖于作业人员,不能实现全天候连续实时监测,工作效率低,尤其在长封闭隧道内部卫星定位信号阻塞环境下,难以及时获取隧道内车辆、人员以及监测设备位置信息,随着北斗系统的建成,可以利用北斗系统的高精度定位结果和智能设备,结合互联网和物联网技术,为长封闭隧道内设施提供定位服务。

为提升港珠澳大桥运营和应急管控能力,在沉管隧道布设具有自主可控的北斗隧道定位信号全覆盖系统,实现跨海隧道内北斗信号全覆盖,普通用户手机、车辆导航终端、全国重点营运车辆北斗终端均可在隧道内正常定位,彻底解决隧道内无北斗信号的问题;同时也便于管理部门及时发现安全隐患,迅速掌握事故的准确位置信息,提升港珠澳大桥安全运营服务能力,同时也为其他交通基础设施的定位服务提供参考,有必要形成基于多元传感器的长封闭隧道内定位服务标准,为新型交通基础设施打造北斗泛在感知服务奠定基础。

6.5.2 主要内容

基于多元传感器的长封闭隧道内定位服务标准工作主要包含基于北斗三号全球卫星导航系统对长封闭隧道定位系统的总体设计、关键设备技术等方面内容。

(1)北斗高精度数据处理软件要求

北斗高精度数据处理软件包括基准站管理、GNSS数据处理、实时数据服务和数据通信等模块。基准站管理模块是对基准站设备进行监控,对基准站数据进行实时分析;GNSS数据处理模块包括基准站间基线组网、站间整周模糊度确定、误差估计建模、载波差分和伪距差分改正数、卫星精密轨道、精密钟、电离层延迟、对流层延迟等计算处理;实时数据服务模块包括软件与用户交互,将改正数据、北斗精密服务产品发送给用户;数据通信模块包括软件与基准站之间、与监测站之间不间断的实时数据通信。

软件除了具备实时数据通信功能,还应能够支持实时监测数据传输状态,在无数据反馈时激发超时异常,在与基准站通信中断后,可自动与基准站连接等功能。

实现特长封闭隧道北斗信号全覆盖,软件须满足相应的要求,软件技术指标如表 6.5-1 所示。

软件技术指标 表 6.5-1

指标名称	指标值
播发信号中心频率	1561.098MHz 和 1575.42MHz
用户接收信号功率	$-125\text{dBm} \pm 3\text{dB}$
设备播发信号功率一致性	$< \pm 0.5\text{dB}$
多节点时频同步精度	$\leqslant 30\text{ns}$
卫星导航模拟信号定位精度	$\leqslant 15\text{m}$
用户隧道内外切换时间	$<2\text{s}$
系统自检危险报警反应时间	$<3\text{s}$
完好性	6s 内发出警告,30s 自动维护
连续性	发生故障超过 1h 的概率约为 0.001

(2)设备安装部署

特长封闭隧道北斗信号全覆盖系统主要包含的设备有高精度授时接收机、中枢控制设备、北斗信号模拟播发设备。高精度授时接收机主要用于接收实时在轨卫星信号,布设于长封闭隧道洞口或机房房顶等无遮挡或少遮挡环境,保证接收到的卫星数量在 10 颗以上。中枢控制设备主要用于提供系统时频基准与中枢管理,布设于长封闭隧道管理站或供电站的机房集成机柜内,通过光纤与其他设备连接,需接入已有的 UPS 供电。北斗信号模拟播发设备布设于隧道行车道右侧的侧壁上,安装高度为 4.5~5.5m,布设间距为 30m(具体布设间距可根据定位精度需求适当调整)。主控设备和北斗信号模拟播发一体机之间通过光端机和光纤连接;主控设备和外场发射设备终端采用 220V 供电,接入隧道站和隧道变电所已有的 UPS 供电。

(3)业务流程及数据

业务流程包含数据抽取、数据校验、格式转换和数据入库,其中,数据抽取的方式有全量抽取和增量抽取两种。全量抽取将数据源中表的数据原封不动地从数据库中抽取出来。增量抽取只抽取自上次抽取以来数据库中要抽取的表中新增或者修改的数据。数据校验是系统提供数据校验功能,对抽取的数据进行校验,制定数据校验规则。格式转换是系统提供格式转换功能,对数据入库前进行数据清洗和数据转化。数据入库是系统提供数据入库功能,将经过抽取、校验、格式转换的数据进行入库。同时,系统提供信用信息入库规则创建、修改、删除等功能,可根据业务管理要求设置信用信息入库时间、入库格式转换要求等内容,业务流程如图6.5-1所示。

图6.5-1　业务流程

根据信用信息采集要求,基于多元传感器的长封闭隧道定位监测数据如表6.5-2所示。

基于多元传感器的长封闭隧道定位监测数据　　　　表6.5-2

数据名称	数据内容描述
系统设备	系统内设备本身的相关属性,包含类型、型号、IP
任务	云平台进行指令下发的任务描述,包含执行任务的起止时间、任务触发条件、目标地址
静态点规划	对系统内每个标定点位置的属性进行配置罗列,包含空间坐标点
系统状态检测	节点设备状态检测采集到的原始数据,包含工作状态、接收数据完整性

（4）元数据模型

基于多元传感器的长封闭隧道定位监测中所涉及的信息通过元数据来描述,元数据模型如图6.5-2所示。

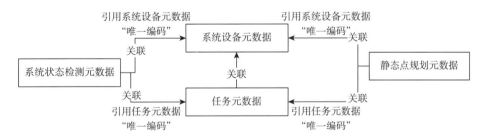

图6.5-2　基于多元传感器的长封闭隧道定位监测元数据模型

6.5.3　应用举例

系统状态检测元数据如表6.5-3所示。

表 6.5-3 系统状态检测元数据

中文名称	英文名称	数据类型	表示格式	计量单位	约束条件	值域	定义	信息分类	备注
唯一编码	id	字符型	a..ul	—	M	/	标识系统状态检测的唯一代码	标识信息	
任务唯一编码	taskId	字符型	a..ul	—	M	/	标识任务记录的唯一代码	标识信息	
设备唯一编码	unmannedDeviceId	字符型	a..ul	—	M	/	标识任务设备的唯一代码	标识信息	
采集时间	acquisitionTime	日期型	YYYY-MM-DD hh:mm:ss	—	M	/	收集设备状态的时间点	标识信息	
文件路径	filePath	字符型	a..ul	—	M	/	设备状态检测数据的存储路径	监测信息	
数据完整性	dataIntegrity	字符型	a..ul	—	M	/	信号模拟所需计算数据的完整性状态	监测信息	
工作状态	status	字符型	a..ul	—	M	/	设备正常运行状态检测	监测信息	

6.6 基于人机协同的运维应急技术

6.6.1 编写背景

目前,应急培训、应急演练的方式仍偏于传统,但应急培训与演练的效果不佳,甚至存在与实际应急处置脱节的现状。随着应急管理行业的发展,应急培训与演练的重要性与必要性逐步得到重视,但由于基础设施的差异、培训与演练目标不明晰、培训与演练技术手段未能充分契合目标等,应急培训与演练业务尚无规范化业务流程,也不能实现与应急处置业务的关联互通,不利于应急管理业务的智能化发展。随着智能化、信息化的发展,支持应急培训与演练的技术手段在不断升级。基于机器人自主感知环境和障碍的能力,可搭载传感设备来实现各种复杂的任务,由工作人员与机器人协同完成运维应急业务,可有效提升跨海集群工程运维应急管理能力水平。为了促进运维应急相关业务数据流程共享与利用,有必要进行基于人机协同的运维应急技术标准化工作。

6.6.2 主要内容

基于人机协同的运维应急技术标准工作主要包含对应急管理全链条中应急预防管理、风险预警、应急监控、应急处置及救援、应急恢复与评估、应急演练以及应急保障等方面内容的标准化。

(1)应急预防、监控与处置

应急预防包括应急资产、人员组织、物资设备以及预案等信息。应急资产分为内部资源和外部资源,内部资源包括应急管理系统、感知设备、应急救援人员、救援装备与物资等,外部资源包括应急管理部门、公安交警、医疗、消防、防疫检疫、海事部门、社会公众等。人员组织分为应急指挥中心和一线队伍。物资设备包括火灾、防汛、食物中毒、中暑药品、应急抢险类、交通管控类及其他。运营单位应当按照所在地交通运输主管部门制定的交通运输突发事件应急预案,制定交通运输突发事件应急预案。应将文本预案进行结构化分解。监控中心应利用道路运行信息,开展运行态势评估、突发事件预测预警等工作,科学制定灾害性天气、地质灾害等路网运行预报预警内容和级别,并提供路网运行趋势预报和特定区域公路网运行中短期预测预警服务。应急监控分为事件现场监控、交通状态监控、构造物监测、环境监测、应急处置过程监控、应急资源监控、预警事件监控等类别。

应急预防、监控与处置数据项如表 6.6-1 所示。

应急预防、监控与处置数据项　　　　　　　　表 6.6-1

数据名称	数据内容描述
应急资产	包含资产名称、资产类别、资产总量、资产剩余量等信息
人员组织	包含人员名称、所属部门、岗位等信息
应急物资	包括物资名称、物资类型、物资数量等信息
应急预案	包含事件、事件等级、应急资产编码、人员组织编码、应急物资编码等信息
应急监控	包含监控类别、事件、发生事件、发生位置、影响范围、严重程度、持续时间等信息

(2) 应急演练与培训

运营管理单位应根据管辖公路突发事件的类型和特点,制订应急演练计划,定期组织开展应急演练,基于培训计划的应急演练与培训业务流程如图 6.6-1 所示。

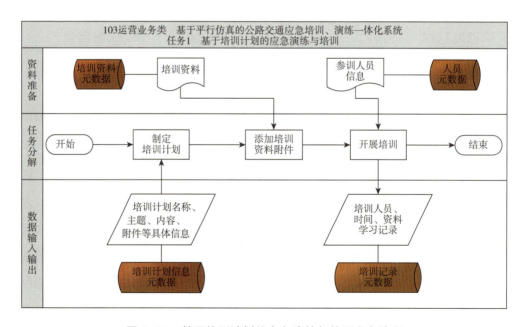

图 6.6-1　基于培训计划的应急演练与培训业务流程

应急演练与培训主要包含的数据如表 6.6-2 所示。

应急演练与培训业务数据项　　　表 6.6-2

数据名称	数据内容描述
培训资料	包含描述培训资料的类型、形式、大小等信息
人员	参与培训与演练的人员本身的属性,包含姓名、职责、所在机构或组织、学历、类型等信息
培训计划	对应急培训计划制定与发布所涉及的属性进行描述,包含培训计划名称、培训目的、培训内容、参训人员、培训时间等信息
培训记录	对培训过程中产生的数据进行记录,包含培训人员、培训学习时长、培训资料浏览记录等信息

(3)运维应急虚拟演练业务

虚拟应急演练业务流程如图 6.6-2 所示。

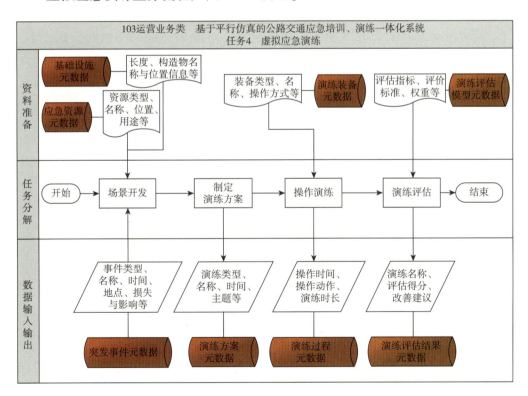

图 6.6-2　虚拟应急演练业务流程

虚拟应急演练业务流程中包含的主要数据类别和数据属性如表 6.6-3 所示。

虚拟应急演练业务数据　　　　　　　　表 6.6-3

数据名称	数据内容描述
大桥基础设施	大桥构造物、应急开口等名称、位置桩号等信息
应急资源	应急资源类型、名称、位置、用途等
突发事件	事件类型、响应级别、名称、时间、地点、人员伤亡情况、事件损失与影响等
演练装备	装备类型、名称、操作方式等
演练评估模型	评估类型、评估指标、评价标准、权重等
演练方案	演练类型、名称、时间、主题、人员等
演练过程	操作人员、操作时间、操作动作、演练时长等
演练评估结果	演练名称、评估得分、改善建议等

（4）元数据模型

以基于人机协同的运维应急中虚拟应急演练业务所涉及的信息为例，元数据模型如图 6.6-3 所示。

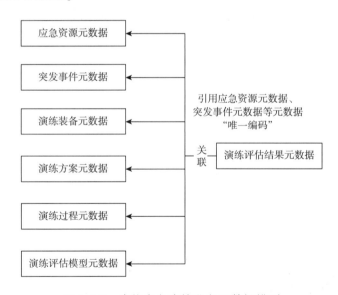

图 6.6-3　虚拟应急演练业务元数据模型

6.6.3　应用举例

突发事件元数据如表 6.6-4 所示。

表 6.6-4 突发事件元数据

中文名称	英文名称	数据类型	表示格式	计量单位	约束条件	值域	定义	信息分类	备注
唯一编码	id	字符型	a..ul	—	M	/	唯一编码	标识信息	
上报时间	reportTime	字符型	a..ul	—	M	/	上报时间	标识信息	
上报人员	reportPerson	字符型	a..ul	—	M	/	上报人员	标识信息	
所属部门	reporeDepartment	字符型	a..ul	—	M	/	所属部门	标识信息	
事件发生时间	eventTime	字符型	a..ul	—	M	/	事件发生时间	业务信息	
事件编号	eventId	字符型	a..ul	—	M	/	事件编号	业务信息	
场景类别	sceneCategory	字符型	a..ul	—	M	/	场景类别	业务信息	
事件类型	eventType	字符型	a..ul	—	M	/	事件类型	业务信息	
事件类别	eventCategory	字符型	a..ul	—	M	/	事件类别	业务信息	
事件等级	eventLevel	字符型	a..ul	—	M	/	事件等级	业务信息	
响应等级	responseLevel	字符型	a..ul	—	M	/	响应等级	业务信息	
事件方向	eventDirection	字符型	a..ul	—	M	/	事件方向	业务信息	
事件桩号	eventMileage	字符型	a..ul	—	M	/	事件桩号	业务信息	
信息来源	informationSources	字符型	a..ul	—	M	/	信息来源	业务信息	
伤亡人数	injuryNum	字符型	a..ul	—	M	/	伤亡人数	业务信息	
涉及车辆数	vehicleNum	字符型	a..ul	—	M	/	涉及车辆数	业务信息	
车型	vehicleType	字符型	a..ul	—	M	/	车型	业务信息	
其他描述	eventDescribe	字符型	a..ul	—	M	/	其他描述	业务信息	
事件视频	eventVideo	字符型	a..ul	—	M	/	事件视频	业务信息	
事件图片	eventImage	字符型	a..ul	—	M	/	事件图片	业务信息	

6.7 安全营运数据汇聚与运维作业评价

6.7.1 编写背景

目前,公路营运和维护管理过程中还存在基础资料缺失,运维管理混乱,依赖人工或半人工运维模式,缺少统一的营运管理与评估平台等问题。基于跨海集群工程智能化运维需求,结合自动化、数字化、智能化等技术,构建安全营运与运维作业评价管理平台,实现对路政、救援、监控、养护、收费等公路运维作业信息进行数字化管理。为了消除公路运维作业中的风险预警数据集成程度低、信息利用价值低、流通效率低等问题,有必要进行安全营运数据汇聚与运维作业评价的标准化工作,为实现公路交通运维精细化、智能化、一体化管理提供基础。

6.7.2 主要内容

安全营运数据汇聚与运维作业评价标准工作主要包含对公路运维作业综合评估的评价指标、评估流程、评估方法、评估结果等方面内容进行标准化。

(1)业务流程及数据

公路运维作业评估是对多个部门参与的不同类型作业进行综合评估,主要考察作业效果、安全风险等,包括作业信息(路政作业、救援作业等)、人员信息(职业信息、健康信息等)、事件信息(救援事件、应急事件等)、气象信息(大风、暴雨等风险天气)等多个不同类型信息,在此基础上通过评估方法进行评价结果输出,并对日常作业及安全进行指导,其流程如图6.7-1所示。

公路运维作业评估数据流程中包含的主要数据类别和数据属性如表6.7-1所示。

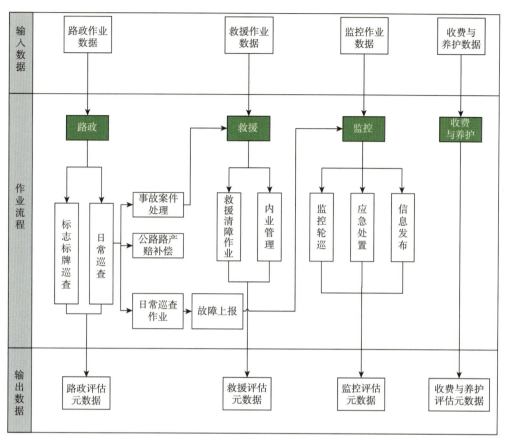

图 6.7-1　安全营运数据汇聚于与运维作业评价流程

公路运维作业评估数据　　　　　　　　　　　表 6.7-1

数据名称	数据内容描述
作业	包含作业名称、作业大类、作业小类、起止时间、原因等信息
路政评估	包含所属作业编码、装备完备率、出勤率、巡查频率合规率、标志标牌巡查信息记录完备率、案件处理流程合格率等信息
救援评估	包含所属作业编码、救援设备检查质量、出勤率、救援信息记录完整性、各项培训完成情况、事件出警及时率、救援处置时长等信息
监控评估	包含所属作业编码、出勤率、环境清洁保持度、设施完好率、轮巡工作及时率、设备报修及时率、异常情况处理及时率、异常情况记录完整率等信息
收费评估	包含所属作业编码、车道排队长度、收费时间、车种车型判断准确率、信息上报合规率等信息
养护评估	包含所属作业编码、日常巡查内容完整率、日常巡查频率合规率、上报巡查情况及时率、质量监督检查合格率、维修任务单下发及时率、施工过程上报及时率等信息

表 6.7-2 路政评估元数据

中文名称	英文名称	数据类型	表示格式	计量单位	约束条件	值域	定义	信息分类	备注
唯一编码	id	字符型	a..ul	—	M	/	标识路政评估数据的唯一代码	标识信息	
所属作业编码	assignmentId	字符型	a..ul	—	M	/	标识作业数据的唯一代码	标识信息	
月度日常巡查次数合规率	patrolComplianceRates	数值型	n..ul	—	M	/	月度日常巡查次数合规率	标识信息	
月度标识标牌检查次数	integrityRateTimes	数值型	n..ul	—	M	/	月度标识标牌检查次数	标识信息	
标识标牌完好率	integrityRateSignage	数值型	n..ul	—	M	/	标识标牌完好率	标识信息	
月度事故发生次数	accidentsNumber	数值型	n..ul	—	M	/	月度事故发生次数	业务信息	
月度累计路产损失金额	accumulatedAmountRoadLoss	数值型	n..ul	—	M	/	月度累计路产损失金额	业务信息	
月度累计路产赔偿金额	accumulatedRoadCompensationAmount	数值型	n..ul	—	M	/	月度累计路产赔偿金额	业务信息	
月度累计索赔率	cumulativeClaimRate	数值型	n..ul	—	M	/	月度累计索赔率	业务信息	
月度累计结案率	cumulativeSettlementRate	数值型	n..ul	—	M	/	月度累计结案率	业务信息	

（2）元数据模型

安全营运数据汇聚与运维作业评价中所涉及的信息通过元数据来描述,元数据模型如图 6.7-2 所示。

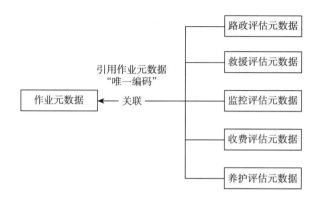

图 6.7-2　基于多元传感器的长封闭隧道定位监测元数据模型

6.7.3　应用举例

路政评估元数据如表 6.7-2 所示。

6.8　本章小结

运营业务类数据是桥岛隧智能运维数据的一个分支,通过对跨海集群工程运营业务的分析,将运营类业务划分为面向公路数字化的智能巡查、交通行为风险分类分级与智能识别、基于雷达组群的道路全域交通数字孪生及风险预警、基于多元传感器的长封闭隧道内定位服务、基于人机协同的运维应急技术、安全营运数据汇聚与运维作业评价六大业务,采用毫米级雷达组群、机器人、北斗等智能设备,结合信息模型、GIS、VR、大数据等技术,对跨海集群工程交通运营相关的流量、巡查、应急、异常事件等海量数据进行采集。通过整合和标准化覆盖跨海集群工程全域路段的交通运营业务数据,为实现交通运营业务数据的自动提取与分析以及智能化管理提供数据标准化支撑。

CHAPTER 7 | 第 7 章

智能化支撑类标准

7.1 概述

跨海桥梁工程等重大交通基础设施存在工程体量大、建筑结构复杂、服役环境恶劣、病害类型多样等问题，采用传统"人工巡检"方式存在着劳动强度大、检测可达性差、安全隐患多、误判漏判率高等缺陷。为了解决这些问题，有必要采用智能化技术支撑跨海桥梁工程运维业务。跨海集群工程智能化运维是一项复杂的系统工程，从务实的角度来看，当前的建设目标应该聚焦到降低成本与提高效率上；除此之外，还要着眼于未来的发展。基于工程实践和技术发展情况，智能化技术支撑应从设备升级、互联互通、统一数据标准、软件系统支撑 4 个方面着手。

在水下结构、高耸桥塔、钢箱梁内、沉管隧道内等人工难以抵近检测的环境下，存在检测与维养作业难度大、安全效率低等问题，对海上环境作业的机器人、无人艇等装备的更新以及基于北斗定位系统的自动巡查和智能检测系统自动化数据前处理等技术的升级，为跨海集群工程的智能化运维硬件系统提供支撑。搭建 5G + 物联网平台，消除网络差异，实现全桥标准网络覆盖，为实现智能运维数据的实时共享提供支撑。为了避免因智能运维数据在各业务系统中数据格式、数据标识、数据表达等内容不一致等原因造成的底层数据结构差异，应系统地规划智能化业务类数据存储标准，建立一个统一的标准大数据中心。在统一数据标准的基础上建立"云-边-端"体系架构的一体化管控平台，方便各智能化业务系统之间数据的互联互通，而各业务系统中有相对独立的智能化运维作业流程，系统之间也存在着数据的交换与共享，结合数字港珠澳大桥实际工程应用，应基于智能化的业务流程和数据流转，构建智能化支撑类数据标准，为交通基础设施在信息采集、维养作业等方面的运维提供智能化技术支撑。

智能化支撑类标准以智能装备取代人工操作，在信息采集、维养作业等方面为交通基础设施运维提供智能化技术支撑，主要内容包括无人机、无人艇、水下机器人、爬壁机器人等无人平台的功能性能技术指标、作业规程、信息从采集处理到成果提交的全链条数据组织表达的标准化。其包含的标准如图 2.7-1 所示。

7.2 基于机器视觉及无人平台的智能检测技术

7.2.1 基于无人平台水下检测

随着水下测绘技术手段、自动化控制技术和通信技术的发展,越来越多的先进仪器设备与无人远程智能控制设备的结合变得可能与可靠,结合多波束探测仪、浅地层剖面仪、侧扫声呐等设备的无人艇水下检测技术逐步应用到交通基础设施运维中。无人艇通过搭载水下多参数传感器、水下侧扫声呐、摄像机等检测设备,获取地形、地层、地貌以及水质参数等信息,并采用了无线通信技术实现传感器的实时回传,实现地形、地层、地貌以及水质的检测。鉴于无人平台的续航力及携带荷载限制较大,可进一步研究多个水下检测平台协同完成对水下结构、地形、环境等的检测任务。在执行水下检测任务过程中,实时通信、数据传输、任务规划、任务分配以及数据互联互通都是面临的主要挑战。以基于无人艇水下综合检测与后处理为例,描述无人平台水下检测的业务流程及检测过程中所涉及的信息组织与表达。为了实现无人艇水下综合检测数据能够与相关业务系统的数据互联互通,结合跨海交通基础设施的智能化运维需求,建立无人艇水下综合检测与后处理数据标准十分必要,为跨海交通基础设施的智能化运维平台的建设提供基础数据支撑。标准应包含无人艇进行水下检测作业流程以及检测过程中产生的设备、路线、运行情况以及检测结果等数据。

(1)业务流程

在无人艇使用生命期内,各系统功能应能在所有合理可预见的条件下安全、可靠地运行和维护,无人艇应具备的基本功能包括:环境感知、设备监测与报警、信息采集与传输、操控命令执行以及应急安保。此外,还应具备通过信息融合进行安全航行、操作及执行指定任务的决策和控制能力。各功能所使用的设备有所不同,如通过无人艇平台的定位设备获取无人艇的位置、方向、航行状态等信息;环境感知设备采集航行水域的风、浪、流、水深、周围移动和固定的障碍物等信息;通信设备实现无人艇平台与岸基之间的通信;操控设备监测和控制无人艇推进、操纵和航行等。通过对以上无人艇作业过程中所涉及的信息进行组织与数据标准化,为无人艇作业数据与其他相关业务数据之间的互联互通提供支撑。

无人艇开展测量工作主要有无人艇准备、任务荷载、执行任务、检测记录等步骤。无人艇水下综合检测作业流程如图 7.2-1 所示。

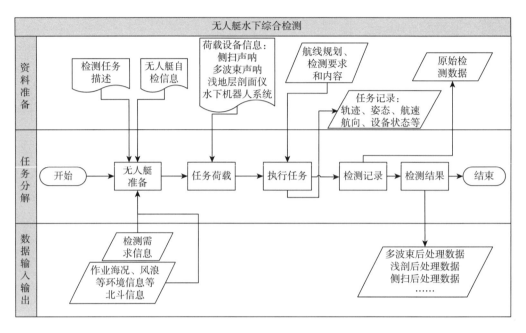

图 7.2-1　无人艇水下综合检测作业流程

(2)业务数据

基于无人艇水下综合检测作业流程剖析,无人艇进行水下综合检测作业过程主要包含无人艇数据、任务设备数据、航行数据、检测原始数据以及检测结果数据。基于无人艇水下综合检测及后处理数据项如表 7.2-1 所示。

基于无人艇水下综合检测及后处理数据项　　表 7.2-1

数据名称	数据内容描述
无人艇数据	无人艇的标识、几何、设计、生产等数据
任务设备数据	无人艇搭载任务检测设备数据
航行数据	无人艇的执行任务产生的航行记录、航行路线、航行状态等数据
检测原始数据	无人艇及荷载设备检测的原始数据
检测结果数据	无人艇及荷载设备检测结果数据

①无人艇数据

无人艇类型多种多样,不同类型的无人艇进行检测作业的可操作性也有所不同,对无人艇的标识、几何、设计、生产等信息进行统一管理以及标准化十分必要,无人艇应包含六类信息:基本信息、物理指标信息、技术指标信息、动力性能指标信息、通信信息和生产信息。其中,基本信息包括无人艇编号、无人艇名称、无人艇类型等,物理指标信息包括无人艇重量、无人艇尺寸(长宽高)、船体材料等,技术指标信息包括最大载重、吃水深度、抗风等级、抗浪等级等,动力性能信息包括最大航速、巡航船速、航线偏离、续航时间等,通信信息包括通信方式、通信距离等,生产信息包括生产厂家、地址、联系人、联系电话、照片等。

②任务设备数据

无人艇检测过程中往往搭载其他智能检测设备协同完成,无人艇搭载的任务设备通常包括多波束测深仪、侧扫声呐、浅层地表剖析仪器、摄像头等。无人艇所搭载的任务设备多种多样,每种设备都有其相应的属性及用途,任务设备包括四类信息:基本信息(编号、名称、型号等)、物理指标信息(重量、尺寸、材料等)、技术参数信息(工作频率、水平波数宽度、距离分辨率等)、生产信息(生产厂家、地址、照片等)。

③航行数据

无人艇航行数据应包括航行记录、航行路线、运行状态等数据。其中无人艇航行记录是指无人艇执行检测任务期间的信息记录,包括航行记录唯一编码、无人艇唯一编码、开始时间、结束时间及天气、温度、湿度、风速、风向等信息。无人艇航行路线是无人艇在检测任务中为获取某一参数值在测线规划上布置的航行坐标点,包括唯一编码、编号、坐标等属性。无人艇运行状态是无人艇在执行任务期间记录的相关参数信息,包括无人艇的位置、姿态、速度和时间等。

④检测原始数据及检测结果数据

无人艇荷载设备检测数据分为检测原始数据和检测结果数据,对无人艇荷载设备检测的图像、视频、点云等原始数据,经分析处理后,形成结构化的数据。无人艇检测原始数据是无人艇在各业务场景中搭载所需任务设备进行检测所产生的设备输出信号数据,检测结果数据是软件系统对检测原始数据进行处理和评估的检测结果。如:无人艇水下地形测量结果及地质测量结果等数据。

7.2.2 基于巡检机器人和无人平台的桥梁结构典型病害检测评估与维养

在跨海集群交通基础设施运维中,采用巡检机器人和无人机对钢梁内、桥塔、沉管隧道内等人工难以抵近检测的部位进行自动化智能检测,不仅能够提高安全作业效率和降低成本,还能够借助边缘计算、流计算等大数据技术融合评估算法实时分析检测数据,为交通基础设施维养提供智能决策支撑。

(1)基于巡检机器人的钢箱梁内表面典型病害检测

巡检机器人搭载检测设备检测不仅能够解决养护人员在高空、高温等恶劣环境下作业高难度的难题,还能安全开展紧急情况针对钢箱梁内表面典型病害的检测,为交通基础设施的技术状态评估及维养决策提供可靠数据支撑。为了实现基于巡检机器人的钢箱梁内表面典型病害检测数据能够与相关业务系统的数据互联互通,结合跨海交通基础设施的智能化运维需求,有必要进行基于巡检机器人的钢箱梁内表面典型病害检测评估与维养数据标准化工作,为跨海交通基础设施的智能化运维平台的建设提供基础数据支撑。标准化工作主要包括巡检作业、巡检方式、巡检内容、巡检资料、维养方式等方面内容。

①巡检作业

巡检机器人通过搭载摄影、扫描仪等检测设备获取钢箱梁内表面的状态信息,并将这些信息通过脐带缆或数字光纤传输到巡检机器人或者岸基。巡检机器人开展检测工作主要有巡检机器人准备、任务荷载、执行任务、检测记录等步骤。通过对巡检机器人检测作业过程中所涉及的信息进行组织与数据标准化,为巡检机器人检测作业数据与其他相关业务数据之间的互联互通提供支撑。基于巡检机器人的钢箱梁内表面状态巡检作业流程如图7.2-2所示。

②业务数据

巡检机器人进行检测作业过程中主要包含巡检机器人准备过程产生的自检数据、控制巡检机器人运行的控制器数据、巡检机器人搭载任务检测设备数据、巡检机器人航行数据;巡检机器人及荷载设备检测的原始数据以及处理后的检测结果数据。

基于钢箱梁内表面状态巡检作业流程如表7.2-2所示。

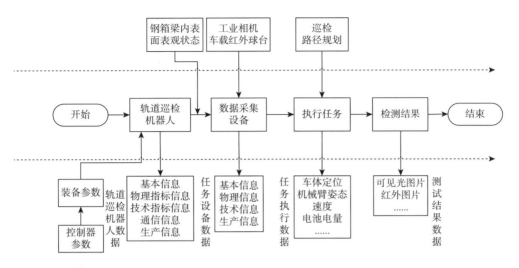

图 7.2-2　基于钢箱梁内表面状态巡检作业流程

数据名称	数据内容描述
巡检机器人	巡检机器人的标识、几何、设计、生产等数据
控制器	控制巡检机器人运行的设备数据
任务设备	巡检机器人搭载任务检测设备数据
运行数据	巡检机器人的执行任务产生的运行路线、运行时长等数据
检测原始	巡检机器人及荷载设备检测的原始数据
检测结果	巡检机器人及荷载设备检测的原始数据以及处理后的检测结果数据

基于钢箱梁内表面状态巡检作业流程中的数据项　　表 7.2-2

a. 巡检机器人数据

巡检机器人类型多种多样，不同类型的巡检机器人进行检测作业的可操作性也有所不同，对巡检机器人的标识、几何、设计、生产等信息进行统一管理以及标准化十分必要，巡检机器人主要包含六类信息数据：基本信息、物理指标信息、技术指标信息、动力性能指标信息、通信信息和生产信息。其中，基本信息包括巡检机器人编号、巡检机器人名称、巡检机器人类型等，物理指标信息包括重量、尺寸（长宽高）、机体材料等，动力性能信息包括续航时间、运行速度等，技术指标信息包括最大负载、最大爬坡度、最大越障能力等，通信信息包括通信方式、通信距离等，生产信息包括生产厂家、地址、联系人、联系电话、照片等。

b. 控制器数据

巡检机器人控制器是控制巡检机器人运行的设备，控制器作为整个巡检机器人系统非常重要的组成部分,是操作人员直接与巡检机器人交互的渠道。控制器包括任务规划、任务回放、实时监测、数字地图、通信数据链在内的集控制、通信、数据处理于一体的综合能力,控制器包含唯一编码、编号、名称、功能、防护等级、存储格式等信息。

c. 任务设备数据

巡检机器人检测过程中往往搭载其他智能检测设备协同完成,巡检机器人搭载的任务执行设备通常包括前视声呐、三维成像声呐、双目摄像头、传感器系统等。巡检机器人所搭载的任务设备多种多样,每种设备都有其相应的属性及用途,任务设备数据包括四类信息数据:基本信息、物理指标信息、技术指标信息和生产信息。

d. 运行数据

巡检机器人运行数据应包括运行记录、运行路线、运行状态等数据。其中运行记录是指巡检机器人执行检测任务期间的信息记录,包括运行记录唯一编码、巡检机器人唯一编码、开始时间、结束时间及天气、温度、湿度、风速、风向等信息。巡检机器人运行路线是巡检机器人在检测任务中为获取某一参数值在测线规划上布置的运行路径坐标点,包括唯一编码、编号、坐标等属性。巡检机器人运行状态是巡检机器人在执行任务期间记录的相关参数信息,包括无人艇的位置、姿态、速度和时间等。

e. 巡检机器人任务数据

巡检机器人任务数据是巡检机器人巡检期间所执行的任务信息记录,一次巡检可执行多项任务;巡检机器人检测点数据是巡检机器人执行任务期间,对构件上所进行拍摄或扫描的目标点数据;巡检机器人检测点结果数据是巡检机器人对构件上的某个目标点所得到的检测结果,如拍摄的图片、录制的视频、音频等文件信息;巡检机器人原始数据是巡检机器人搭载设备在检测任务中采集到的最原始数据文件,主要为文件类数据,其包括图片类、视频类以及其他文件类数据。

(2)基于无人平台的桥梁混凝土结构表观典型病害检测评估与维养

为了解决养护人员在高空、高温等恶劣环境下作业的难题,提高桥梁工程养护效率,实现基于无人平台的桥梁混凝土结构表观病害检测数据能够与相关业务系统的数据互联互通,有必要结合跨海交通基础设施的智能化运维需求,建立基于无人平台的桥梁混凝土结构表观病害检测数据标准,为跨海交通基础设施的智能化运维平台的建设提供基础数据支撑。基于无人平台的桥梁混凝土结构表观病害检测数据标准化工作主要包括巡检作业、检测评估、维养作业等方面内容。

①巡检作业

基于无人平台的桥梁混凝土结构表观病害的检测主要是通过巡检机器人搭载相机、测试仪等检测设备获取桥梁混凝土结构表观病害信息,并对这些信息进行分析处理,得到检测结果。基于无人平台的混凝土表观状态巡检作业流程如图 7.2-3 所示。

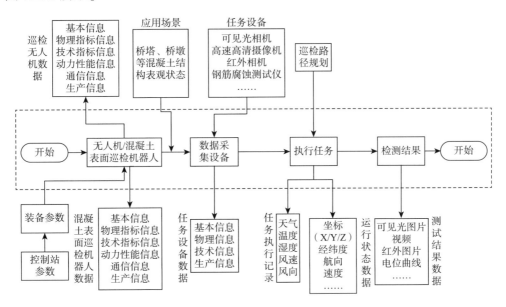

图 7.2-3　基于无人平台的混凝土表观状态巡检作业流程

基于无人平台的混凝土表观状态巡检作业流程中的数据项如表 7.2-3 所示。

基于无人平台的混凝土表观状态巡检作业流程中的数据项　　表 7.2-3

数据名称	数据内容描述
巡检机器人	巡检机器人的标识、几何、设计、生产等数据
控制站	控制巡检机器人运行的设备数据
任务设备	巡检机器人搭载任务检测设备数据

续上表

数据名称	数据内容描述
任务执行记录	巡检机器人执行任务所产生的起止时间、气象等任务基本数据
巡检路径规划	巡检机器人自动执行任务前规划路线数据,包含巡检机器人唯一编码以及坐标等数据
运行状态	巡检机器人的执行任务产生的运行状态实时数据
检测原始	巡检机器人及荷载设备检测的原始数据
检测结果	巡检机器人及荷载设备检测的原始数据以及处理后的检测结果数据

②检测评估

基于无人平台的桥梁混凝土结构表观病害的检测评估主要是基于巡检机器人拍摄的原始图像、视频等原始数据和高光谱检测数据进行病害等级评价,并结合维养策略,得到维养建议,钢箱梁外表面服役状态检测评估流程如图7.2-4。

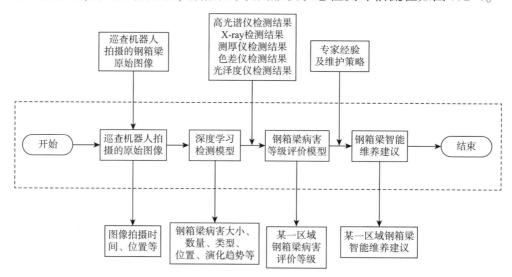

图7.2-4 钢箱梁外表面服役状态检测评估流程

基于钢箱梁外表面服役状态检测评估流程的数据项如表7.2-4所示。

基于钢箱梁外表面服役状态检测评估流程的数据项　　表7.2-4

数据名称	数据内容描述
钢箱梁原始图像	包含巡检机器人搭载的相机拍摄的钢箱梁原始病害图片、视频等数据
钢箱梁病害明细	根据深度学习检测模型对病害图片进行处理后得到的病害数量、范围、位置等明细数据

续上表

数据名称	数据内容描述
任务设备检测	巡检机器人搭载任务检测设备采集的检测数据
病害评价	基于病害明细以及任务设备检测数据,通过钢箱梁病害评价等级模型计算得到的病害评价数据
专家经验及维护策略	针对病害的评价等级,专家给出的维护策略数据
智能维养建议	通过实际病害评价等级以及维护策略数据的分析,智能给出维养建议数据

③维养作业

钢结构外表面智能维养是基于检测评估数据和维养建议,采用机器人搭载的维养装备进行钢结构外表面涂层的锈蚀、剥落、裂纹、鼓泡等病害修复工作,基于无人平台的钢结构外表面涂层维养总体作业流程如图7.2-5所示。

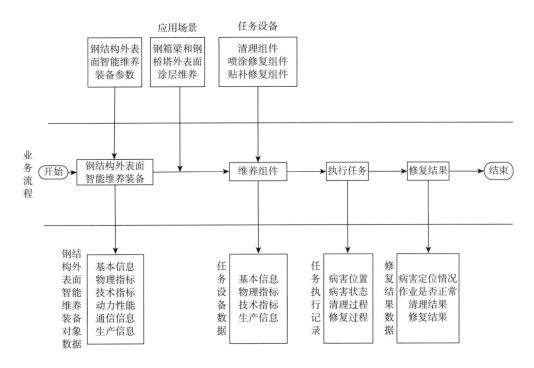

图7.2-5 基于无人平台的钢结构外表面涂层维养总体作业流程

基于无人平台的钢结构外表面涂层维养作业流程的数据项如表7.2-5所示。

基于无人平台的钢结构外表面涂层维养作业流程的数据项　　表 7.2-5

数据名称	数据内容描述
巡检机器人	巡检机器人的标识、几何、设计、生产等数据
控制站	控制巡检机器人运行的设备数据
任务设备	巡检机器人搭载任务维养设备数据
任务执行记录	巡检机器人执行任务所产生的起止时间、气象等任务基本数据
巡检路径规划	巡检机器人自动执行任务前规划路线数据,包含巡检机器人唯一编码以及坐标等数据
运行状态	巡检机器人的执行任务产生的运行状态实时数据
修复结果	智能维养设备修复病害后的修复图片、视频以及修复前后状态对比等数据

7.2.3　基于巡检机器人的沉管隧道内典型病害检测

为了实现基于巡检机器人的沉管隧道内典型病害检测数据能够与相关业务系统的数据互联互通,最大限度降低沉管隧道人工巡检的工作难度,提升沉管隧道的智能化巡检水平,有必要结合跨海交通基础设施的智能化运维需求,建立基于巡检机器人的沉管隧道内典型病害检测数据标准,为跨海交通基础设施的智能化运维平台的建设提供基础数据支撑。基于巡检机器人的沉管隧道内典型病害检测数据标准化工作主要包含巡检机器人在沉管隧道内进行检测作业流程以及检测过程中产生的设备、路线、运行情况以及检测结果等方面内容。

(1)业务流程及数据

基于巡检机器人的沉管隧道内典型病害检测作业过程中的数据包括硬件数据、任务记录数据和检测结果数据,其中,硬件数据包括巡检机器人平台数据、控制地面站数据、任务设备数据;任务记录数据包括巡检机器人平台巡检作业数据、巡检规划数据、巡检记录数据、运行状态数据等;检测结果数据包括病害定位数据、病害数据及检测数据。基于巡检机器人的沉管隧道内典型病害检测作业流程如图 7.2-6 所示。

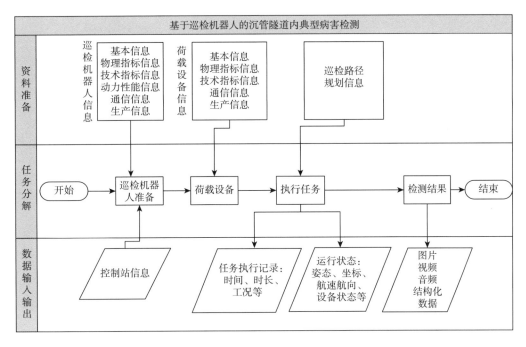

图 7.2-6　基于巡检机器人的沉管隧道内典型病害检测作业流程

基于巡检机器人的沉管隧道内典型病害检测作业流程中的数据项如表 7.2-6 所示。

基于巡检机器人的沉管隧道内典型病害检测作业流程中的数据项　表 7.2-6

数据名称	数据内容描述
巡检机器人	巡检机器人的标识、几何、设计、生产等数据
控制站	控制巡检机器人运行的设备数据
任务设备	巡检机器人搭载任务维养设备数据
任务执行记录	巡检机器人执行任务所产生的起止时间、气象等任务基本数据
巡检路径规划	巡检机器人自动执行任务前规划路线数据,包含巡检机器人唯一编码以及坐标等数据
运行状态	巡检机器人的执行任务产生的运行状态实时数据
检测原始	巡检机器人及荷载设备检测的原始数据
检测结果	巡检机器人及荷载设备检测的原始数据以及处理后的检测结果数据

(2) 元数据模型

以基于无人艇水下综合检测数据为例,基于无人艇水下综合检测中所涉及的信息通过元数据来描述,主要元数据之间的关联关系如图 7.2-7 所示。

表 7.2-7 水下机器人检测结果元数据

中文名称	英文名称	数据类型	表示格式	计量单位	约束条件	值域	定义	备注
唯一编码	id	字符型	a..ul	—	M	/	标识水下机器人检测结果的唯一编码	
检测原始数据编码	inspectionDataId	字符型	a..ul	—	M	引用检测原始数据元数据的唯一编码	标识检测原始数据的唯一代码	
任务设备唯一编码	equipmentId	字符型	a..ul	—	M	/	标识任务所使用设备的唯一编码	
数据文件路径	dataFilePath	字符型	a..ul	—	M	/	用以描述检测结果数据文件的路径	
采集时间	acquisitionTime	日期型	YYYY-MM-DD	—	M	/	用以描述检测数据的采集时间	

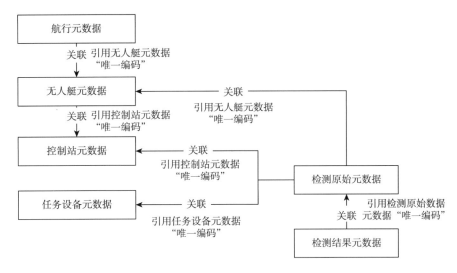

图 7.2-7　基于无人艇水下综合检测元数据模型

7.2.4　应用举例

以基于水下机器人系统的水下结构检测与后处理中的水下机器人检测结果为例,其数据内容如表 7.2-7 所示。

7.3　基于北斗的结构变位监测

7.3.1　编写背景

根据数字交通和交通强国建设发展要求,针对重大交通基础设施工程,实现基于北斗高精度定位的基础设施全生命周期健康性能监测。对于桥梁基础设施而言,桥梁结构变形监测属于结构健康监测范畴,主要关注的是桥梁结构动态参数的动态评价和数据分析,并在实时动态监测的基础上获得线性或是非线性的结构动态特性。通过比较结构特征参数与正常结构参数,管理人员需要在出现异常现象时判断该异常是否已导致结构损伤,从而进一步判断损伤程度、损伤位置、损伤趋势以及剩余使用寿命。为此,需要密切监测并获取结构荷载、变形、结构静动力响应、振动频率等信息,而常用的变位监测工具随着视距的增加,测量精度逐渐下降。

近年来，北斗定位设备的高测量精度、高采样率、高度自动化、能连续测量且受气候干扰较小等优势，越来越受到研究人员、工程师、管理人员的青睐。北斗定位技术由于其无源定位（定位源不在结构物上）、时空统一（接收机将空间坐标与时钟误差一并求解）的特点，能够为大型基础设施的健康监测提供一个精度较高、生命周期较长、带有时间标定功能的监测基准，为一系列传感器的数据融合提供三维坐标基础。

为了新型交通基础设施的基于北斗的结构变位监测应用能够得到推广，结合跨海交通基础设施的智能化运维需求，建立基于北斗的结构变位监测标准十分必要，以实际和有效的方法对铺面状况进行准确评估，为跨海交通基础设施智能化运维平台的建设提供基础技术支撑。

7.3.2 主要内容

标准应包括北斗三号全球卫星导航系统对桥梁结构安全监测的总体设计、测点选择、北斗监测终端、数据采集与传输模块、数据处理与管理模块、北斗精密服务产品的技术要求等内容。

（1）技术路线

由于GNSS卫星到用户接收机的观测距离受各种误差影响，并不能真实反映卫星到接收机的几何距离，因而称为"伪距"测量；不仅卫星在轨道上高速运行，地面上的目标也往往为非静止状态，信号传播路径一直在发生变化，由此使得观测方程中的各误差项是时变的、位置相关的。主要的信号传播路径关联误差有电离层误差、对流层误差，主要的卫星关联误差为卫星轨道误差、卫星时钟误差等，主要的接收机关联误差为接收机时钟误差、精度因子、多路径效应误差等。当测站位置、钟面时间解算完成时，即可以短报文形式输出标准GNSS位置、钟面信息，由采集仪进行实时信息汇总并回传至服务器端，从而完成各传感器的时间标定，为多传感器的融合提供时空基础。技术路线如图7.3-1所示。

（2）北斗高精度桥梁监测技术要求

北斗高精度监测适用于结构物不同形变阶段的监测，是一切监测工作的基础，常用监测仪器为多系统多频频GNSS接收机，可实现与大地测量法相同的监测内容，能同时测出边坡的三维位移量及其速率，且不受视觉条件和气象条件影响。

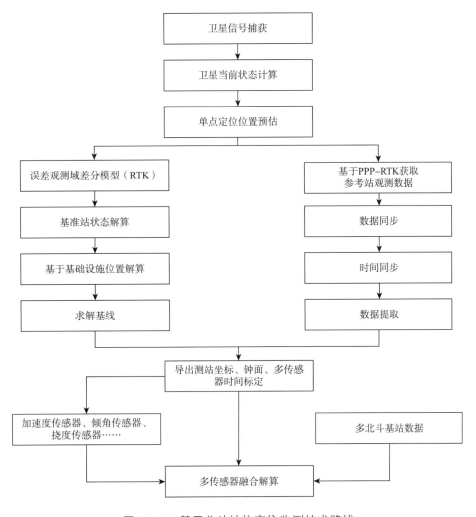

图 7.3-1 基于北斗结构变位监测技术路线

在条件允许的情况下,北斗监测点布置安装在桥梁的桥塔、桥墩和桥跨的二分点和四分点处,左右幅对称部署,结合位移传感器、压力传感器部署情况对应安装,综合各监测数据进行分析。桥墩处北斗静态监测数据要反映监测点位的绝对坐标数值变化量和常年的位移变化速率,采样间隔可设置为30s。桥塔和桥跨需要首先进行零态初始状态下的静态绝对坐标测量,测定零态时北斗监测点的绝对坐标,后期进行实时动态监测,并给出实时动态坐标数值变化量,采集频率可设置为1Hz或10Hz。

(3)数据处理

基于北斗三号卫星导航系统的桥梁位移监测,应利用桥梁周围的多个北斗卫星导航定位基准站、计算精密的卫星轨道、卫星钟、对流层、电离层等高精度导航定位产品的监测数据,通过数据解算系统,得到事后静态毫米级和实时动态厘米级监测精度的数据。

(4)监测数据

基于北斗定位的变形监测数据包括基准站、基准站任务、监测站、监测站任务、监测结果与预警指标等数据,如表 7.3-1 所示。

基于北斗定位监测数据项　　　　　　　　　表 7.3-1

数据名称	数据内容描述
基准站	基准站的基本信息,包括坐标、高度角、采样率等
基准站任务	基准站的采集任务信息,包括任务起止时间、IP 地址、波特率等
监测站	监测站的基本信息,包括型号、设备名称、高度角、采样率等
监测站任务	监测站的采集任务信息,包括任务起止时间、IP 地址、波特率等
监测结果与预警指标	监测结果及预警信息,包括东西南北方向位移变化量和阈值等

(5)元数据模型

基于北斗的结构变位监测元数据模型如图 7.3-2 所示。

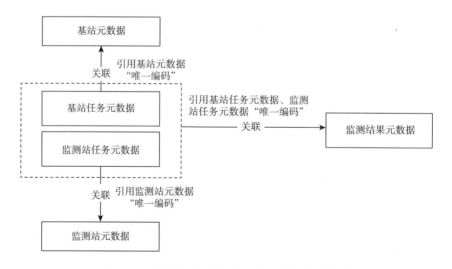

图 7.3-2　基于北斗的结构变位监测元数据模型

7.3.3　应用举例

以监测结果数据为例,其数据内容如表 7.3-2 所示。

表 7.3-2 监测结果元数据

中文名称	英文名称	数据类型	表示格式	计量单位	约束条件	值域	定义	信息分类	备注
唯一编码	id	字符型	a..ul	—	M	/	标识监测结果的唯一编码	标识信息	
任务唯一编码	taskId	字符型	a..ul	—	M	/	标识监测任务的唯一编码	标识信息	
监测站唯一编码	monitoringStationId	字符型	a..ul	—	M	/	标识监测站的唯一编码	标识信息	
采集时间	acquisitionTime	日期型	YYYY-MM-DD hh:mm:ss	—	M	/	定位设备采集数据时间	业务信息	
解算方法	solution	字符型	a..ul	—	M	/	基线解算方法	业务信息	
dN	nSDisplacement	数值型	n..ul,7	—	M	/	南北方向位移变化量	业务信息	
dE	eWDisplacement	数值型	n..ul,7	—	M	/	东西方向位移变化量	业务信息	
dU	heightDisplacement	数值型	n..ul,7	—	M	/	垂直位移变化量	业务信息	
dN 阈值	nSDisplacementThreshold	数值型	n..ul,7	—	M	/	南北方向位移变化量预警阈值	业务信息	
dE 阈值	wDisplacementThreshold	数值型	n..ul,7	—	M	/	东西方向位移变化量预警阈值	业务信息	

7.4 基于声学原理的铺面健康状况自动化巡检评估

7.4.1 编写背景

铺面是交通基础设施的重要组成部分。在铺面服役过程中有许多不利因素,包括车辆超载、日晒、雨水侵蚀、低温和冻融循环。这些因素会在路面上造成各种类型的损伤,如裂缝、路面坑洼和路面车辙。如果没有进行及时维护和检修,这些损害将随着时间的流逝持续扩大,从而带来严重的安全隐患。为了在第一时间发现路面的损伤,并为维养决策提供必要的支持,许多研究人员和工程师对道路损伤检测进行了研究(如声振法检测、雷达检测),提出了许多相应的改进措施,建立了相应的养护系统。但是,由于某些限制,大多数方法无法满足实际工程中复杂多变的损坏类型。其中一点原因是这些方法的成本相对昂贵,主要依赖人工巡检模式,不利于大规模推广和使用。养护系统中的数据仍然需要人工录入,且数据难以共享和交换,达不到跨海桥梁工程的智能化运维需求。

为了最大限度降低交通基础设施铺面巡检成本,提升交通基础设施铺面健康状况的快速巡检作业效率,结合跨海交通基础设施的智能化运维需求,建立基于声学原理的铺面健康状况自动化巡检评估数据标准十分必要,以实际和有效的方法对铺面状况进行准确评估,为跨海交通基础设施的智能化运维平台建设提供基础技术支撑。

7.4.2 主要内容

为规范和指导桥梁和隧道铺面健康状况的自动化巡检技术规程,以及融入驾乘感受的桥梁和隧道铺面技术状况评定工作,提高桥梁和隧道铺面的巡检与评定技术水平,实现基于声学原理的桥梁和隧道铺面健康状况智能感知系统巡检数据的标准化和规范化,有必要进行基于声学原理的铺面健康状况自动化巡检评估的数据标准化工作。标准化工作主要包含基于声学原理的桥梁和隧道铺面健康状况自动化巡查检测的作业流程、数据采集、数据处理以及状态评估等方面内容。

(1) 业务流程及数据

基于声学原理的桥梁和隧道铺面健康状况智能感知巡检作业以车辆为平台，以定向麦克风、动态胎压监测仪作为主要的铺面健康状况数据采集传感器，测量桥梁和隧道铺面结构的变化和变形状况，通过铺面服务质量评价方法进行铺面健康状况评定。巡检作业应包括作业前准备、外业实施以及铺面健康状况评定，其中作业前准备包括所巡检铺面段的信息收集、巡检规划以及仪器检验与评定。基于声学原理的桥梁和隧道铺面健康状况智能感知系统作业流程如图 7.4-1 所示。

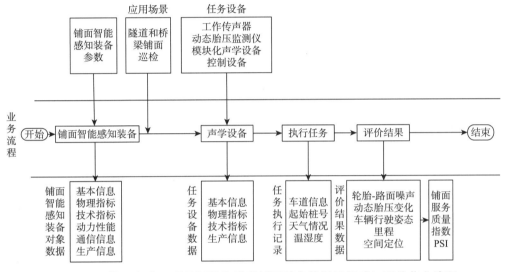

图 7.4-1　基于声学原理的桥梁和隧道铺面健康状况智能感知系统作业流程

巡检作业过程中的数据包括硬件数据、任务数据和评价结果数据，其中硬件数据包括铺面智能感知车辆数据、任务设备数据。任务数据包括巡检规划数据、运行状态数据、任务设备数据等。评价结果数据包括铺面智能感知装备巡检铺面段数据和巡检铺面段评价结果数据。

基于声学原理的铺面健康状况自动化巡检评估流程中包含的主要数据类别和数据属性如表 7.4-1 所示。

基于声学原理的铺面健康状况自动化巡检评估数据项　　表 7.4-1

数据名称	数据内容描述
车辆	包含执行铺面智能感知作业的车辆信息
任务设备	包含巡检车辆执行某个任务所搭载的感知设备信息
巡检规划	包含巡检车辆行驶轨迹的坐标、经纬度等数据
运行状态	巡检车辆实时运行状态数据

续上表

数据名称	数据内容描述
巡检铺面段	巡检铺面段基本信息
巡检铺面段评价结果	基于感知设备的数据处理后进行评估的结果数据

(2)铺面智能维养评价

铺面健康状况自动化巡检应建立基于声学原理的桥梁和隧道铺面健康状况智能感知系统,对桥梁和隧道铺面健康状况进行巡检,能独立执行巡检任务并且产生巡检数据,且可以通过智能运维平台维养业务中的任务计划来执行铺面巡检工作。评估指标应包括总体指标铺面服务质量指数 PSI,以及分项指标路噪指数 PAI 和颠簸指数 PFI,以确保评估结果的全面性、准确性和细致性。声学铺面智能感知系统应能测量铺面的路噪度、颠簸度、里程位置、空间位置。铺面服务质量指数是用于综合评估桥岛隧铺面结构破损、变形的铺面服务质量指标,由路噪指数和颠簸指数构成。路噪指数是通过路噪仪,获得轮胎-路面相互作用产生的路噪度,用于评估由路面破损、宏观构造、混合料类型、路面刚度等综合引起的路面服务质量变化。颠簸指数是通过动态胎压检测仪,获得轮胎-路面相互作用产生的颠簸度,用于评估由路面变形引起的路面服务质量变化。路噪度是轮胎-路面耦合声音信号在特定频域范围内围成的包络面积,表征规定条件下车辆在铺面行驶过程中的噪声强度。颠簸度是轮胎-路面耦合造成的轮胎内部压力变化,在特定频域范围内变化量的均方值,表征规定条件下车辆在铺面行驶过程中的颠簸强度。桥梁和隧道铺面智能维养评价体系结构如图 7.4-2 所示。

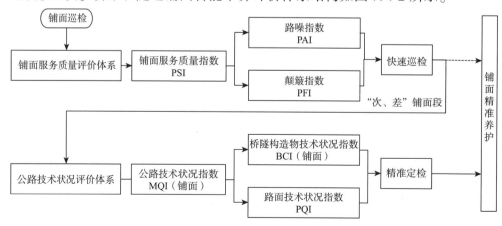

图 7.4-2　桥梁和隧道铺面智能维养评价体系结构

基于桥隧铺面智能维养评价体系结构,铺面健康状况评价包含的主要数据类别和数据属性如表 7.4-2 所示。

铺面健康状况评价数据项　　　　表 7.4-2

数据名称	数据内容描述
路噪仪原始数据	包含车道名称、行车方向、巡检时间、噪声强度、速度等数据
动态胎压检测仪原始数据	包含车辆、车道名称、行车方向、巡检时间、车辆胎压、速度等数据
评估等级	包含铺面服务质量指数、颠簸指数、路噪指数等 5 个等级数据
路噪指数 PAI 评估	通过路噪仪测出的原始数据,按照路噪指数评估算法计算得到的数据
颠簸指数 PFI 评估	通过动态胎压检测仪测出的原始数据,按照颠簸指数评估算法计算得到的数据
铺面服务质量指数 PSI 评估	通过路噪指数 PAI 评估数据和颠簸指数 PFI 评估数据,按照铺面服务质量指数评估算法计算得到的数据

(3) 元数据模型

基于声学原理的铺面健康状况自动化巡检评估中所涉及的信息通过元数据来描述,主要元数据之间的关联关系如图 7.4-3 所示。

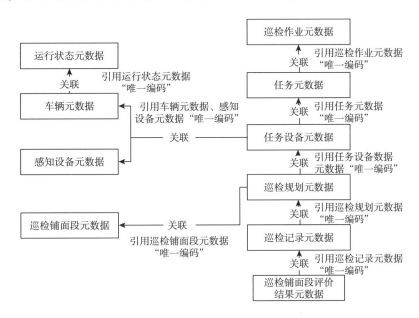

图 7.4-3　基于声学原理的铺面健康状况自动化巡检评估元数据模型

7.4.3　应用举例

以铺面健康状况评估数据为例,其数据内容如表 7.4-3 所示。

表 7.4-3 铺面健康状况评估元数据

中文名称	英文名称	数据类型	表示格式	计量单位	约束条件	值域	定义	信息分类	备注
唯一编码	id	字符型	a..ul	—	M	/	铺面健康状况评估的唯一编码	标识信息	
巡检作业编码	inspectTaskId	字符型	a..ul	—	M	/	铺面健康状况评估的巡检作业编码	标识信息	
铺面段编码	pavementSessionId	字符型	a..ul	—	M	/	铺面健康状况评估的巡检铺面段编码	标识信息	
铺面编号	evaluationPavementNumber	字符型	a..ul	—	M	/	铺面健康状况评估的铺面工程编号	标识信息	
铺面名称	evaluationPavementName	字符型	a..ul	—	M	/	铺面健康状况评估的铺面工程名称	标识信息	
车道名称	laneName	字符型	a..ul	—	M	/	铺面健康状况评估的车道名称	业务信息	
行车方向	drivingDirection	字符型	a..ul	—	M	/	铺面健康状况评估的车道行车方向	业务信息	
起始桩号	startMileage	字符型	a..ul	—	M	/	铺面健康状况评估的车道起始桩号	业务信息	

续上表

中文名称	英文名称	数据类型	表示格式	计量单位	约束条件	值域	定义	信息分类	备注
结束桩号	endMileage	字符型	a..ul	—	M	/	铺面健康状况评估的车道结束桩号	业务信息	
长度	length	字符型	a..ul	m	M	/	铺面健康状况评估的长度	业务信息	
技术等级	performanceLevel	字符型	a..ul	m	M	/	铺面健康状况评估的技术等级	业务信息	
路面类型	pavementType	字符型	a..ul	m	M	/	铺面健康状况评估的路面类型	业务信息	
路噪度代表值	representativeValueofAcousticInde	数值型	n..ul	dB	M	/	铺面健康状况评估的路噪度代表值	业务信息	
路噪指数评估值	pai	数值型	n..ul	—	M	/	铺面健康状况评估的路噪指数评估值	业务信息	
路噪指数评估等级	paiGrade	枚举型	nl	—	M	l1 优 l2 良 l3 中 l4 次 l5 差	铺面健康状况评估的路噪指数评估等级	业务信息	

续上表

中文名称	英文名称	数据类型	表示格式	计量单位	约束条件	值域	定义	信息分类	备注
颠簸指数评估值	pfi	数值型	n..ul	—	M	/	铺面健康状况评估的颠簸指数评估值	业务信息	
颠簸指数评估等级	pfiGrade	枚举型	nl	—	M	1 优 2 良 3 中 4 次 5 差	铺面健康状况评估的颠簸指数评估等级	业务信息	
铺面服务质量指数评估值	psi	数值型	n..ul	—	M	/	铺面健康状况评估的铺面服务质量指数评估值	业务信息	
铺面服务质量指数评估等级	psiGrade	枚举型	nl	—	M	1 优 2 良 3 中 4 次 5 差	铺面健康状况评估的铺面服务质量指数评估等级	业务信息	
评估日期	evaluationDate	日期时间型	YYYY-MM-DD	—	M	/	铺面健康状况评估日期	业务信息	

7.5 本章小结

智能化支撑类数据是桥岛隧智能运维数据的一个分支,通过对跨海集群工程运维需求和智能装备及技术对运维的支撑作用分析,将智能化支撑类业务划分为基于机器视觉及无人平台的智能检测、基于声学原理的铺面健康状况自动化巡检评估以及基于北斗的结构变位检测三大业务,对支撑各类业务的相关智能化技术进行了概述,基于各业务的实现流程梳理了可标准化的业务数据,并给出了数据之间的关联关系。基于标准化的数据,借助先进的智能化技术手段,切实落实巡检到位,使巡检作业过程可控、在控,保证巡检质量和效果,为交通基础设施的智能评估提供数据支撑,也可为其他行业的智能化检测系统的构建提供参考。

CHAPTER 8 | 第 8 章

信息模型类标准

8.1 概述

对港珠澳大桥等世界级超大型跨海工程,其建设和管理具有许多不同于常规桥梁的特点,这给项目建设管理和桥梁运营管理带来了更高的挑战。为了应对这些挑战,我们需要全面推动交通基础设施的数字化转型,利用新技术和新形势,从根本上解决大型交通基础设施工程在建设、管理、养护等环节可能出现的问题。数字化交通基础设施在行业范围内的理解就是采用计算机、网络虚拟现实等技术对交通基础设施的建设管理和后期养护提供科学决策的一整套系统。

由于数字化交通基础设施属于在虚拟环境中的操作,因此,具有高效率和可调整的特性,随着软件工程的发展,信息模型技术作为近年来工程创新发展的新技术,在交通领域的应用越来越广泛,应用工程数量迅速增加。而基于虚拟现实环境的虚拟再现与仿真模拟,均需要以准确的信息模型及规范的数据为基础,特别是针对港珠澳大桥的维养过程,涉及了多个专业领域多种类型数据。因此,要实现各类数据在信息模型中综合呈现,数据的标准定义尤为重要。

信息模型类标准基于信息模型技术,将桥岛隧设施结构静态数据和运维业务动态数据进行融合应用,提出了桥岛隧跨海工程信息模型的交付与应用要求,包括交付内容、交付形式、交付方案制定、模型精度、信息深度、模型应用方法、应用场景等要求,其包含的标准如图2.7-1所示。

8.2 信息模型交付

8.2.1 编写背景

近年来,工程信息模型技术作为一种新兴的工程建设管理手段,已被国内外工程建设行业逐渐熟悉并认可。工程信息模型是一种以三维图形为主、面向建筑全生命周期的信息化技术。工程信息模型在得以迅猛发展后,市场上涌现了各种建模及信息处理软件,各软件分属于不同的平台,数据格式互不兼容,属性字段不一,对国际通用开放标准格式的支持水平也参差不齐。

由于运维单位在组织大型跨海桥梁工程智能化运维信息三维可视化平台建设过程中,缺少系统、全面、规范的技术指导准则,建设过程中经常遇到模型交付深度、格式不统一,设计、施工及运维各阶段间的模型和信息无法进行有效传递等问题,导致信息模型的反复修改,造成人力和资源的浪费,无法提升工作效率。2017 年,国务院办公厅发布了《关于促进建筑业持续健康发展意见》,明确要求加快推进建筑信息模型技术在规划、勘察、设计、施工和运营维护全过程的集成应用。基于国家政策,行业内也发布了《建筑信息模型应用统一标准》(GB/T 51212—2016)、《建筑信息模型分类和编码标准》(GB/T 51269—2017)、《建筑信息模型设计交付标准》(GB/T 51301—2018)、《公路工程信息模型应用统一标准》(JTG/T 2420—2021)、《公路工程设计信息模型应用标准》(JTG/T 2421—2021)以及《公路工程施工信息模型应用标准》(JTG/T 2422—2021)等相关标准,但对于运维阶段的信息模型交付标准还没有相应的规范。因此,急需根据交通基础设施智能化运维的实际需求,制定信息模型交付标准来支撑应用。建立符合跨海桥梁工程自然条件、技术水平的信息模型交付标准显得十分必要。

8.2.2 主要内容

1) 基本要求

为提高桥岛隧跨海通道工程的桥梁、沉管隧道、人工岛及交通工程设施工程信息模型的交付效率与交付质量,应对桥岛隧信息模型交付过程中的命名规则、建模要求、交付内容、交付形式等进行详细规定,同时,对协同平台的业务与功能提出要求。

信息模型可分阶段分批次根据交付流程进行交付,可进行多次交付,也可一次性交付所有交付物,即进行单次交付,具体交付方式可根据项目要求进行选择。交付物应满足完整性、准确性和一致性的质量要求,其内容应与项目规定的竣工资料保持一致。交付物包括几何模型、非几何信息和相关文档。几何模型是几何概念描述的物理实体,是构成桥岛隧跨海通道工程实体构件的多边形、数字化几何表达。非几何信息是无法通过几何概念表达的信息集合,包括桥岛隧跨海通道工程实体构件的静态与动态信息。

模型交付应首先统一坐标系，优先采用国家大地2000坐标系统，高程基准采用1985国家高程基准，结合项目的应用场景和需求确有必要时，可采用依法批准的独立坐标系。各专业模型建立前可根据项目特点合理确定相对参考坐标原点，模型交付时应根据业务需要提供统一坐标系与其他坐标系间的转换关系。

应将几何模型划分成模型单元，模型单元是桥岛隧跨海通道工程信息模型中承载信息的实体构件及其相关属性的集合，是针对几何模型进行信息输入、交付和管理的基本对象，包括桥梁、隧道、人工岛、交通工程设施等按照规则进行层次划分后的结构实体构件对象及对象信息，实体构件对象的划分与信息的组织应形成统一的标准。

应对模型单元进行统一编码，作为数据交换、分享、关联以及对接的唯一标识。模型单元的编码由5位路线编号、6位中国行政区划代码、5位跨海通道工程编号、3位单元编号、15位工程实体构件对象编号组成。模型单元编码基本组成结构如图4.2-4所示。

2）命名规则

桥岛隧跨海通道工程信息模型交付物的命名应简明且易于辨识，并应满足快速检索、获取的要求。交付物命名宜以半角下划线"_"隔开，字段内部的词组宜以半角连字符"-"隔开。

模型单元命名应包含模型单元所属上级对象、工程实体构件类型、位置信息、顺序号等标识与定位信息。其中，工程实体构件类型为桥岛隧结构对象进行层次划分的实体构件类型，位置信息应采用左右幅、上下行、桥跨编码等空间区位信息，顺序号应根据模型单元空间位置编码。模型单元名称应使用汉字、英文字符、数字、半角下划线"_"半角连字符"-"的组合，字段内部组合宜使用半角连字符"-"，字段之间宜使用半角下划线"_"分隔，各字符之间、符号之间、字符与符号之间均不宜留空格，不宜包含其他符号。

模型文件应由项目简称、专业类型、模型精细度、区间名称、单元名称和顺序号等字段组成。其中，项目简称应采用统一的可识别项目或单位工程的简要称号，应采用中文、英文或拼音首字母的一种，项目简称不宜空缺，区间名称依据项目情况进行定义，应简述项目子项、局部空间分区或分部工程等，应使用汉字或英文字符与数字的组合。模型精细度包含几何表达精度和非几何信息深度，模型精细度等级应满足表 8.2-1 要求,几何表达精度应满足表 8.2-2 要求,非几何信息深度满足表 8.2-3 要求。专业类型及代号见表 8.2-4。顺序号应采用空间位置顺序或业务应用顺序编号。

模型精细度等级及要求　　　　　　　　　　　　　　　　表 8.2-1

模型精细度等级	精细度要求
L100	满足检测、运维作业规划的应用及展示需要,宜到部位或部件级
L300	满足人工或半自动化运维任务创建与实施的应用及展示需要,宜到构件或子构件级
L500	满足半自动化或自动化运维任务创建与实施的应用及展示需要,宜到子构件或零件级

几何表达精度等级及要求　　　　　　　　　　　　　　　表 8.2-2

几何表达精度等级	几何要求
G1	包括基本轮廓、尺寸、方位等,应满足二维化或者符号化识别需求的几何表达精度
G2	具备关键的轮廓控制尺寸,包含少量细节,应满足空间占位、主要颜色等粗略识别需求的几何表达精度
G3	具有确定的尺寸、位置、颜色、纹理,应满足建设、维养等业务等精细化管理应用需求的几何表达精度
G4	具有确定的尺寸、位置、造型细节、颜色、纹理,应满足高精度渲染展示、细节造型展示、零件制造加工等高精度识别需求的几何表达精度

非几何信息深度等级及要求　　　　　　　　　　　　　　表 8.2-3

非几何信息深度等级	等级要求
N1	宜包含模型单元的唯一编码、名称、所属上级对象编码等标识信息
N2	宜包含和补充 N1 等级信息,增加位置、桩号等位置信息
N3	宜包含和补充 N2 等级信息,增加长度、宽度、材料类型等几何与设计信息
N4	宜包含和补充 N3 等级信息,增加施工情况、竣工验收指标等施工信息

专业类型及代号　　　　　　　　　　　　　　　　　　　表 8.2-4

序号	专业类型	英文名称	代号
1	人工岛	Artificial Island	AI
2	桥梁	Bridge	BR
3	道路	Road	RD
4	隧道	Tunnel	TN

续上表

序号	专业类型	英文名称	代号
5	土建结构	Civil Structure	CS
6	交通工程设施	Traffic Facility	TF
7	交通安全设施	Traffic Safety Facility	TS
8	机电设施	Electromechanical Facility	EF
9	地质	Geology	GL
10	房建	Housing Construction	HC
11	其他	Others	OT

对于非几何信息文件命名应依据非几何信息内容组织形式确定,包括项目简称、区间名称、工程实体构件类型名称。非几何信息的组织形式依据项目情况、数据体量、应用要求等多方面因素制定,可根据设施、工程实体构件类型、区间、专业等任意一个或多个要素组合进行非几何信息的组织,非几何信息的文件命名应反映信息组织要素,元数据定义是以工程实体构件对象为单元,故非几何信息文件命名宜包括工程实体构件类型名称。

文档命名应包括项目简称、文档类型、顺序号以及文档描述。文档类型应分为建模依据、流程文件、质检文件、验收文件等,顺序号应根据文档发布或修订时间进行编号,文档描述应包含文档的主要内容的简要概括。

项目文件夹的名称应由项目简称、文件夹类型、专业类型、区间名称和交付物类型依次组成,专业类型及代号见表8.2-4,文件夹类型见表8.2-5,交付物类型应满足表8.2-6要求。

文件夹类型 表8.2-5

序号	文件夹类型	英文名称	内含文件
1	工作中	Work In Progress(可简写为 WIP)	几何模型创建、非几何信息关联、文档编写、交付物整合以及修改过程中的文件
2	检查中	Quality Inspection In Progress(可简写为 QIP)	完成基本工作,在质量检查过程中的文件
3	已交付	Delivered	完成交付物的整合与验收可用于项目各相关方协同的文件

续上表

序号	文件夹类型	英文名称	内含文件
4	存档	Archived	信息模型交付后的文件
5	内部共享	Shared	建模依据、建模指南、试验段模型等项目内部交流分享的文件
6	外部参考	Incoming	来源于项目外部的参考性文件，例如标准、规范等
7	废弃	Discard	已废弃的文件，仅用于数据溯源、文件对比等场景

交付物类型　　　　　　　　　　　　　表 8.2-6

序号	交付物类型	英文名称	描述
1	几何模型	Geometric Model	仅包括模型单元编码不包括非几何信息的模型文件
2	非几何信息	Non-geometric Information	包括模型单元编码在内的非几何信息文件
3	信息模型	Information Model	非几何信息与几何模型融合后的信息模型文件
4	文档	Document	模型创建、质检、交付过程中的文档文件

3) 协同平台

为了支持项目各相关方基于协同环境开展信息模型的管理、应用、审核与交付等业务，各相关方应基于统一的协同平台进行业务协同。协同平台应具备处理大型工程项目及其相关数据的能力；支持国际通用的开放数据交换标准的导入和导出、多用户协作与权限管理、模型的渲染与可视化、多版本多阶段模型的管理与关联、多等级设施构件对象的数据管理、属性管理、版本管理、多源数据融合、文档资料管理以及数据分级管理等功能。采用协同平台环境进行业务协同时，应根据业务和安全要求建立权限控制措施及审计措施，确保访问、编辑、新增、删除等记录能追溯。在未采用专业协同平台进行交付协同时，应规定线上线下的交付方式与规则，确保模型交付的安全性与可追溯性。

4）版本管理

交付过程中交付物的文件与文件夹均应进行版本管理，并宜在文件命名中予以标识。版本管理应满足在交付过程中交接双方文件管理的需要，并具有可追溯性。发生版本变更时，应及时告知各相关方并得到确认，同时形成版本管理说明文件，并记录版本变更的原因和内容、相关方确认意见、变更依据的参考文件及其对应版本。在同一交付阶段对同一交付物进行多次交付时，文件夹应在满足文件命名规则的基础上，在文件夹命名字段中添加版本号。在交付需求与前置条件不发生变化的前提下，文件宜采用同一主版本号，子版本号管理要求宜根据项目情况在项目执行计划中规定。

5）质量审核

应在建模工作开展前制定针对三维模型、信息数据以及文档完整性、准确性、一致性的质量审核规则。根据质量审核规则编制项目质量审核方案与质量审核报告模板，质量审核应包括明确、清晰、可量化的质量维度指标，质量维度指标应由相关方一致确认。质量审核规则与质量维度指标在项目周期内应保持不变，若要进行调整，则应取得各相关方确认后进行变更。

信息模型整合前宜针对不同交付物出具对应的质检报告。几何模型质量检查应结合各相关方确认的交付要求，检查模型单元类型的完整性、几何表达的准确性以及精细度的统一性，应包括对模型单元与各工程实体的竣工图纸几何表达的一致性、模型单元的命名及模型视图的合规性与准确性、模型单元材质外观等要素的准确性、模型文件组织形式的合规性与一致性、模型文件及文件夹命名的准确性以及模型单元编码的唯一性和合规性的检查。

非几何信息质量检查应结合各相关方确认的交付要求，检查属性项的完整性、属性值的准确性以及非几何信息与几何模型的一致性，包括对非几何信息与几何模型及竣工图纸等数据来源的一致性、非几何信息文件命名的准确性、同一类属性项数据类型、表示格式、计量单位的一致性与合规性、属性项及属性值的完整性以及非几何信息文件及文件夹组织形式的合规性与一致性的检查。

文档质量检查应结合各相关方确认的交付要求，检查文档的完整、文本的可读性以及文档间关联关系的准确性，包括对交付文档的完整性、文本的可读性与准确性、文档组织形式的合规性与一致性、文档索引的有效性与准确性以及文档文件及文件夹命名准确性的检查。

信息模型整合检查应在各交付物检查结果的基础上,针对整合后的信息模型或建立关联关系的整体交付物检查数据的有效性、关联关系的准确性、数据内容的一致性,包括对信息模型整合方式与交付方案的一致性、信息模型整合后数据的完整性与一致性、几何模型与非几何信息和文档之间关联关系的准确性、整合的交付物文件及文件夹组织形式的合规性与一致性以及整合的交付物文件及文件夹命名的准确性的检查。

6)交付内容

交付信息采用数字化交付协同平台组织与存储,接收方参与确定交付方案和交付基础,协调和管理模型交付工作,验收交付方所移交的交付信息。交付方按照交付基础的要求收集、整合交付信息,并按交付过程规定移交,交付内容应包括几何模型、非几何信息和相关文档,并建立信息模型、数据与文档之间关联关系。需要提交的交付物内容应在信息模型建设前进行规定,明确需要提交的模型精度及所需的信息数据列表。几何模型与信息数据、文档之间应建立关联关系,宜采用编码、链接等方式,几何模型与非几何信息宜结合作为信息模型提交。几何模型单元的几何信息和非几何信息应与交通基础设施结构层级划分单元的几何信息和非几何信息保持一致,根据层次划分后的结构单元信息,构建几何模型单元,非几何信息根据应用需求分为标识信息、位置信息、材料信息等信息。

(1)几何模型

几何模型应由模型单元组成,交付过程应以模型单元为基本操作对象。模型单元应根据工程实体构件的功能分类设置材质与颜色,模型单元应遵循实际结构维养方式,最小模型单元应小于运维业务的最小应用单元,确保运维业务的开展。几何模型的交付范围和精细度要求与交付方案中约定的内容保持一致、不同模型单元的几何表达精度应满足应用交付要求、模型的几何表达尺寸与非几何信息中的尺寸数据应保持一致。交付的几何模型格式应由各相关方协商制定,对于同类文件,格式应统一。模型文件应采用 IFC、FBX、STP 等通用交换格式,模型文件交换格式应符合现行国家及行业相关数据存储标准的要求。

针对大型或超大型工程,在运维过程中所涉及的数据信息具有类别多、应用复杂、关联性强等特点,基于业务场景应用,所涉及的可视化信息模型按照实际业务数据所提供的实时性,可划分为三类,如图8.2-1所示。

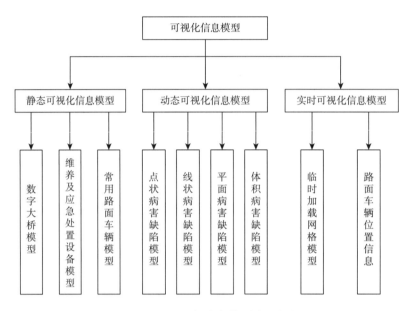

图8.2-1　可视化信息模型应用框架

静态可视化信息模型主要包括数字大桥模型、维养及应急处置设备模型和常用路面车辆模型。静态可视化信息模型创建时根据项目的实际情况和应用需要进行模型元素拆分,并考虑模型的续用性和扩展性。静态可视化信息模型在交付时,须满足实际业务场景对模型精细度、模型几何表达精度以及模型信息深度的要求。

动态可视化信息模型是对桥梁缺陷检测结果进行可视化的信息模型(缺损、裂缝、蜂窝、麻面、剥落、碰撞等),是基于桥梁缺陷检测结果结构化数据,自动预生成(及更新)的三维可视化模型,可根据业务需要,将结构化数据随时加载到虚拟现实环境中。

实时可视化信息模型主要用于车辆位置实时变化的动态数据,以及其他需要临时展示的测量数据。车辆位置实时变化数据包括指车辆在桥面上位置及朝向等的实时变化的数据,主要应用于针对应急场景下的车辆状态描述。通过实时加载或调整在虚拟现实环境中的模型对象,同时,根据车辆位置实时数据,对模型对象的空间位置及朝向进行调整。临时性测量数据模型包括水下地形、地层测量数据模型,应力应变等仿真分析结果模型等,主要用于根据业务需要的临时性加载呈现。

(2)非几何信息

非几何信息单独提交时应采用 Json、XML、CSV 等开放数据格式进行提交。非几何信息应包括中文名称、英文名称、数据类型、表示格式、计量单位、值域、约束条件、备注等。运维模型的非几何信息应在运维业务开展过程中逐步完善优化,非几何信息应满足同一工程实体构件类型的同一类非几何信息的格式、精度、数据类型等一致原则,同一工程实体构件、同一时间、同一属性不应存在有冲突、歧义的多个属性值,非几何信息应与竣工资料描述内容保持一致,且非几何信息不应包含临时信息、测试信息等与交付无关的信息。

运维模型交付的非几何信息应按类型分别组织,信息分类如表 8.2-7 所示。

非几何信息分类 表 8.2-7

信息分类	英文名称	含义
标识信息	Identification Information	用于识别、检索模型单元的属性信息,例如名称、唯一编码等
位置信息	Position Information	用于搜索、定位模型单元位置的属性信息,例如桩号、位置等
几何信息	Geometric Information	用于描述模型单元几何尺寸特征的属性信息,例如长度、宽度等
设计信息	Design Information	建模对象在设计阶段产生并应用的属性信息,例如材料类型、型号等
施工信息	Construction Information	建模对象在施工阶段产生、应用,并保留至竣工阶段的属性信息,例如倾角、横向偏位等

(3)文档

文档应包含模型说明文档、需求说明文档、信息模型执行计划以及建模依据文件等。模型说明文档应以单次提交的成果为说明对象,包含各子项、各专业的模型成果内容，说明内容宜包含项目的基本信息、模型文件的组织方式、模型文件的视图说明以及模型参数设置说明等。项目基本信息应包含项目的基本情况、组织构成、项目阶段、所使用软件基本信息及软件版本等；模型文件的组织方式应包含整体项目模型文件的架构关系、模型定位基点与高程，并列明模型文件的整体架构图；模型文件的视图说明应列明项目中各专业的主要审阅视图名称，并说明不同视图的用途；模型参数设置说明应说明模型参数设置依据，以及参数的适用场景。

信息模型创建前应制定需求说明文档，需求说明文档应随着项目的进行逐步完善并进行版本管理，需求说明文档应包含项目计划概要、桥岛隧跨海通道工程信息模型的建设交付及应用需求、信息模型协同方式、数据存储和访问方式及协同需求、交付物的类别和交付方式、所有需求的采纳与执行情况等内容。

根据需求说明文档，应制定信息模型执行计划。信息模型执行计划包含项目简述、信息模型创建过程中所涉及的命名要求、分类方式、编码规则以及对应的标准名称和版本、信息模型的精细度、几何模型的几何表达精度、非几何信息的信息深度要求及对应的标准名称和版本、交付物的类别、交付物清单、生产、交付协同工作环境及文件组织方式、项目资源配置情况、执行计划的变更原因、影响及相关方确认信息等内容。

信息模型创建前应根据模型执行计划收集、编制、完善建模依据资料。建模依据文件应包括竣工图纸、建模指南、参考标准，宜包括设计变更说明、施工质量记录、影音资料等。

7）交付过程

信息模型的交付过程包括交付方案制定、信息整合与校验、移交与验收。其中，交付方案包括交付信息的组织方式、存储方式和交付形式等；信息整合阶段将可视化信息模型、数据及文档按照信息交付方案整理、转换、建立关联关系，并进行信息校验与质量审核；移交时提供交付信息的移交清单，移交清单应包括文件名称、文件类型、文件格式和必要的描述等，并进行交付验收，形成验收报告。

信息模型交付流程如图8.2-2所示。

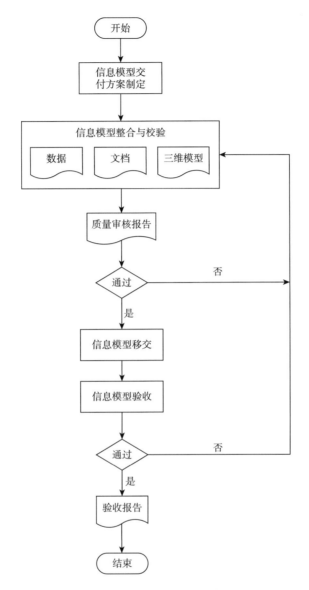

图 8.2-2　信息模型交付流程

8.3　信息模型应用

8.3.1　编写背景

信息模型是交通基础设施智能运维主要业务场景的数字模拟,在模型中通过可视化的方式,分析桥梁、隧道、人工岛、交通工程等结构状态;通过建立多种信息模型，根据不同的业务应用场景匹配不同的信息模型，实现对工程结构、病害缺陷、现场状态等方面的快速、真实、准确地感知，从而提高交通基础设施运维工作效率。信息模型作为智能工具，融合了计算机科技与建筑技术，实现了数字技术高效益。信息模型作为数据载体，整合了来自各方的信息资源，支持同步共享，在交通基础设施智能运维过程中，使用可视化信息模型，实现协同工作和信息共享。信息模型在实际应用中，可根据不同的应用需求选择不同精度等级的模型。目前，国内已发布信息模型的相关标准，但不同行业的信息模型的应用场景有所不同。为了提高跨海桥梁工程智能运维信息模型应用的针对性，基于跨海桥梁工程的固有特点，建立针对跨海桥梁工程的信息模型应用标准十分有必要。

8.3.2 主要内容

信息模型的应用包括模型的创建、使用和管理。在模型创造与使用前应结合工程需求、信息模型的应用环境以及已有模型来选择模型的创建与使用方式。前一阶段模型或前置任务模型的交付应包含后续阶段或后置任务创建模型所需的相关信息，应保证不同阶段模型的统一性与协调性，并保证所含信息的正确性与一致性。应根据工程全生命期内各个阶段、各项任务的需要创建、使用和管理模型，并根据工程的实际条件，选择合适的模型应用方式。

各参与单位的信息模型及相关应用数据应安全、妥善存储，应建立统一的信息模型协同平台。信息模型协同平台应能实现工程各参与方的协同工作、信息共享，具有良好的兼容性和数据安全性，实现数据和信息的安全有效共享，具备校验、审核、资料质量管理和追溯复查功能。协同平台应建立完善的信息模型数据储存、跟踪与维护机制，避免在信息模型应用过程中，多方协同变更带来的数据不一致，应确保在统一的协同平台下信息模型的统一性。

为了使信息模型能够更好地在WEB端和移动端流畅展示，并进行各项功能操作，应在不改变模型文件结构属性的基础上，通过模型轻量化的几何处理和模型的渲染处理及显示，尽可能缩小模型体量，降低模型浏览的使用难度。

(1)信息模型应用流程。模型应用流程在每次增加新的业务种类时触发启动。整个流程包括:准备资料,规划业务工程流程,根据业务协同需求选择可视化的业务信息,对业务工作流程进行评审与系统集成。资料包括业务场景应用相关联模型单元、机电设备、物料、人员、实施方案方法等。工作流程开始首先确定需要交互传递的信息,信息交换传递须由授权指定方之间进行。根据应用场景和交互信息选择合适的几何精度等级和信息深度等级的模型。

(2)信息模型应用场景。桥岛隧信息模型应根据全生命周期的不同阶段划分为不同的具体应用场景,不同阶段的应用应选用不同几何精度与信息深度的信息模型。桥岛隧信息模型维养业务应用场景包括桥岛隧结构健康监测应用、结构检测与维养应用、应急救援管理应用以及VR可视化虚拟决策应用四大类,通过建立各类业务系统与信息模型的接口,实现对桥梁结构、隧道结构、人工岛结构等设施业务信息的四维时空管理。信息模型的应用应具有扩展性,面对未知的应用场景,信息模型应能更具包容性,并允许添加新的应用场景。

1)结构健康监测应用

信息模型对结构健康监测的应用主要在于对跨海公路工程,即桥梁、隧道、人工岛等设施结构重要的环境荷载和结构响应量的实时监测、危险状态识别预警、损伤诊断等数据的呈现。结构健康监测包括环境荷载(风速/风向、内外部环境温度、湿度、交通荷载、地震)、代表性构件和控制截面的变形位移(主梁、索塔变形、管节位移)、关键控制截面的应变及温度、索结构受力监测(代表性斜拉索索力)、动力及振动特性监测(桥梁固有动力特性、桥塔撞击、振动响应)、支座反力监测(桥塔、辅助墩及过渡墩支座反力)、腐蚀进程监测(混凝土腐蚀)、止水带渗漏监测以及基础冲刷监测等数据。

结构健康监测的信息模型元素如表8.3-1所示。

结构健康监测的信息模型元素 表8.3-1

模型单元	数据类别	数据项
LOD300及LOD500数字大桥模型	监测硬件	传感设备数据
		通信设备数据
		边缘计算设备数据

续上表

模型单元	数据类别	数据项
LOD300 及 LOD500 数字大桥模型	监测项	监测项目数据
		测点数据
	监测结果	原始数据
		实时监测数据
	统计分析	预警数据
		预警统计数据
		指标分析数据
		统计数据
	评估	结构状态评估数据

2）结构检测与维养应用

结构巡查检测与结构维修养护均可分为传统的人工方式和无人智能检测两类，应采用信息模型对巡查检测与维修养护的过程和结果进行静动态信息管理以及基于信息模型实现业务协同及作业过程可视化。结构巡查检测与结构维修养护包含结构病害的现状、维修养护前后的对比状况等标识、位置信息、特征尺寸参数、照片等信息。

结构检测与维养的信息模型元素如表 8.3-2 所示。

结构检测与维养的信息模型元素 表 8.3-2

模型单元	数据类别	数据项
LOD300 及 LOD500 数字大桥模型	检测硬件	机器人数据
		检测设备数据
	人员组织	人员数据
		单位部门数据
	检测及维养作业	检测与维养作业数据
		机器人运行状态数据
		检测设备状态数据
		计划检测路线数据
	检测及维养结果	环境数据
		病害数据
		维修状态数据
	评估与决策	评估数据
		检测与维养措施数据

3)应急救援管理应用

应急救援管理主要包括事故灾难类、生产安全类、自然灾害类、社会安全类和公共卫生类等事故或事件的应急处置措施。应急救援管理数据包括应急事件发生记录、应急事件响应记录、应急事件处置记录、应急事件善后等数据。应采用信息模型应用于应急管理,基于信息模型的应急救援可还原真实场景,再现事故训练现场,安全培训投入成本低且高效。模型从协同平台实时获取现场车辆位置信息,并基于数字桥梁模型,加载车辆模型,实现数字孪生统一再现,根据评估需要加载设备模型,对现场状态进行实时预览,对设备的可达性及处置预案进行交互仿真评估操作。

应急救援管理的信息模型元素如表 8.3-3 所示。

应急救援管理的信息模型元素 表 8.3-3

模型单元	数据类别	数据项
LOD300 数字大桥模型、LOD300 设备模型、LOD100 车辆模型	应急救援记录	应急救援事件数据
	人员组织	应急救援人员数据
		单位部门数据
	应急救援设备与物资	应急救援车辆数据
		应急救援设备数据
		应急救援物资数据
	应急救援状态	环境数据
		结构状态数据
		事件状态数据
	应急救援处置	处置预案数据
		应急救援处理结果数据

4)VR 可视化虚拟决策应用

信息模型应支持桥岛隧设施结构在 VR 设备上的三维可视化,为桥岛隧维养和应急管理提供交通、环境等状况信息提供 VR 设备上的实时可视化。基于信息模型的 VR 可视化虚拟决策可提高决策准确性,降低决策成本,提高决策效率。模型单元属性信息深度应达到 N4 等级,包含工程基本信息、材料信息、建设/维养日期、维养单位、维养设备等。信息模型应支持智能检测和维养装备作业位置的动态加载,实现检测养护作业的全程 VR 可视化。

VR 可视化虚拟决策应用信息及模型深度如表 8.3-4 所示。

VR 可视化虚拟决策应用信息及模型深度　　　　表 8.3-4

业务类型	业务内容	信息内容	模型几何信息深度	模型非几何信息深度
巡查检测	准备	结构整体	G3	N4
	桥面巡检维护	桥面系(桥面铺装、护栏、伸缩缝)	G4	N4
	上部结构巡检维护	上部结构(主要承重构件、次要构件、支座、锚头、拉索、阻尼器)	G4	N4
	下部结构巡检维护	下部结构(墩台、桥塔、承台)	G4	N4
	附属设施巡检维护	附属设施(索塔上的航空标灯、避雷装置、桥上交通信号、标志及照明设施及桥下航道灯)	G3	N4
	水上水下巡检维护	航道(航道水文、水面漂浮物)、海床	G2	N4
	突发事件/专项巡检维护	关键构件、控制截面(自然灾害、恐怖袭击、车船碰撞、结构发生脆性断裂、发现重大结构性和安全性缺陷等应急检查)	G4	N4
	巡检维护全过程	人员(位置、职能类别等)	G1	N4
		设备/装备(性能参数、位置、几何参数)	G3	N4
		病害	G4	N4

自然灾害如台风、地震、暴雨、霜冻等场景下,基于信息模型的 VR 应急管理应能够实时显示交通流量、行程车速、占有率、交通状态等路面交通状态和交通管制信息,以及应急作业车辆、人员的位置状态信息。

VR 可视化虚拟决策的信息模型元素如表 8.3-5 所示。

VR 可视化虚拟决策的信息模型元素　　　　表 8.3-5

模型单元	数据类别	数据项
LOD300 数字大桥模型、LOD300 设备模型、LOD300 车辆模型	交通及设施状态	结构状态数据
		路面交通状态数据
		设施运行状态数据
	交通管制	交通管制数据
	车辆及人员	应急作业车辆数据
		应急作业人员数据
		事故车辆数据
		事故人员数据

8.4 应用举例

8.4.1 信息模型交付

以港珠澳大桥数字大桥模型为例,港珠澳大桥所需输入使用的信息模型包含全桥全部构件模型。

(1)交付数据

主要交付数据信息包含几何模型(含几何对象编码)、构件编码信息、构件属性信息三部分内容,其中,几何模型是依据工程竣工图纸建立的模型,包含所有构件对象,提供全桥 LOD100、LOD300、LOD500 三套几何模型;构件编码信息是按照 LOD100、LOD300、LOD500 构件划分的,针对所有构件,提供各构件的构件编码信息作为唯一标识,并提供构件编码信息与几何对象编码的对应关系表;构件属性信息是在维养过程中所需的构件信息,提供必要构件属性信息附表。

以桥梁模型单元交付为例,桥梁模型单元交付应满足表 8.4-1 要求。

桥梁模型单元交付要求　　　　表 8.4-1

模型单元	L100	L300	L500	备注
桥梁	G2/N2	G3/N3	G4/N3	
上部结构	G2/N1	G3/N2	G4/N2	
主梁	G2/N2	G3/N3	G4/N4	
主梁梁体	G2/N2	G3/N3	G4/N3	
顶板	—	G3/N3	G4/N4	
底板	—	G3/N3	G4/N4	
腹板	—	G3/N3	G4/N4	
横肋板	—	—	G4/N4	
横隔板	—	—	G4/N4	

续上表

模型单元	L100	L300	L500	备注
加劲肋	—	—	G3/N4	
桥面板	G2/N2	G3/N3	G4/N3	
预应力系统	G2/N2	G3/N3	G4/N3	
预应力筋	—	G2/N3	G3/N3	
预应力管道	—	G2/N3	G3/N3	
锚杯	—	G3/N3	G4/N3	
锚垫板	—	G3/N3	G4/N3	
齿板	—	—	G3/N3	
转向块	—	—	G3/N3	
钢锚箱	G2/N2	G3/N3	G4/N4	
……	……	……	……	……

（2）交付坐标系基准

为了保证各大桥可视化信息模型文件加载后位置的统一与准确，对交付模型应采用统一的坐标系基准，水平面坐标系原点定义为港珠澳大桥工程坐标系中 JD3 点，纵坐标原点以港珠澳大桥工程坐标系高程 0 点建立，各坐标轴方向与港珠澳大桥工程坐标系方向保持一致。

（3）交付格式

为了保证数字大桥模型及信息的完整、正确导入，交付模型采用 FBX 通用数据格式，单个文件不应大于 500MB；交付模型输出时应控制合理的面片数量及面片精度误差，特别是针对存在圆角、球面、曲面的构件，宜参照与理论曲面的最大误差控制输出面片的转换；交付模型中各构件名称应为信息模型中的几何对象编码；提供 BIM 模型中几何对象编码与构件编码的对应表，以 json 文件格式提供；针对其他构件属性信息，应通过接口方式提交至协同平台（后续应用需要时通过输入构件唯一标识编码，实时从协同平台中获取）。

（4）交付检查

模型交付之前，应由模型提供方对交付模型进行详细的检查，以有效保证信息模型的交付质量。应对模型准确性、完整性、规范性、交付物可用性等的符合度进行检查。模型准确性检查包括检查模型尺寸、特征与竣工图纸的一致性，检查模型坐标系基准是否一致,检查各交付深度等级构件的合并是否符合构件分类标准要求,检查构件之间是否有显著冲突;模型完整性的符合度检查包括检查所有构件是否齐全、模型中是否存在多余、重叠或重复的构件;建模规范性的符合度检查包括检查各模型建模的模型详细等级是否正确,依据材料检查各构件材质颜色的定义是否正确,检查各模型建模方法、面片构建方法等是否规范;交付物可用性的符合度检查包括检查所生成交付文件是否符合文件大小要求,检查所生成交付文件是否可正常打开,检查交付文件打开后各构件是否存在缺失、位置漂移等现象,检查存在细小特征构件及大型构件的面片数量及面片精度是否符合要求。

8.4.2 信息模型应用

现以点状缺陷几何描述信息、线状缺陷几何描述信息、平面缺陷几何描述信息、体积缺陷几何描述信息、点云数据模型、路面车辆位置控制信息在信息模型中的可视化进行举例说明数据应用模式。

(1)点状缺陷几何描述信息

针对点状缺陷几何描述信息,系统将根据"点坐标 + 半径"的信息,自动构建范围体量(半透明球体)几何模型,在虚拟现实环境中进行可视化表现,使决策者直观、全面地了解缺陷情况(图8.4-1、图8.4-2)。每一个缺陷点的几何描述信息需要在智联平台数据库中形成一条单独的记录,在虚拟现实环境中将以一个单独的单元对象进行管理。

图 8.4-1　构件缺损缺陷在虚拟现实环境中的呈现形式

图 8.4-2　影响范围缺陷在虚拟现实环境中的呈现形式

(2)线状缺陷几何描述信息

针对线状缺陷几何描述信息,系统将根据"控制点序列"的坐标信息,自动构建缺陷几何体模型,在虚拟现实环境中进行可视化表现,使决策者直观、全面地了解缺陷情况(图8.4-3)。

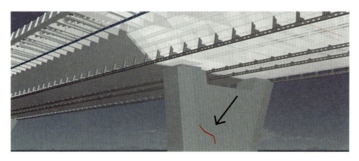

图 8.4-3　线状缺陷可视化

(3)平面缺陷几何描述信息

针对平面缺陷几何描述信息,系统将根据"平面范围边界点序列"的位置及范围信息,自动构建缺陷几何体模型并贴图,在虚拟现实环境中进行可视化表现,使决策者直观、全面地了解缺陷情况(图8.4-4)。

图 8.4-4　平面缺陷可视化

(4)体积缺陷几何描述信息

针对体积缺陷几何描述信息,系统将根据三维几何曲面控制点集合的各控制点坐标信息,自动构建三维几何缺陷曲面,在虚拟现实环境中进行可视化表现,使决策者直观、全面地了解缺陷情况(图8.4-5)。

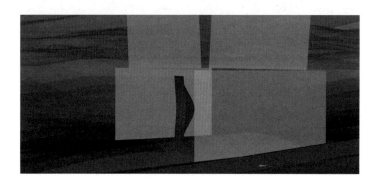

图8.4-5 体积缺陷可视化

(5)点云数据模型

针对点云数据模型,使用者提前从智联平台中下载点云文件,并通过数据转换及加载接口模块,手工将点云模型加载到虚拟现实环境中,使决策者直观、全面地了解现场情况(图8.4-6)。

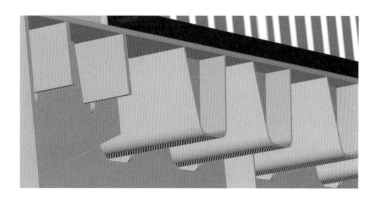

图8.4-6 点云数据模型

(6)路面车辆位置控制信息

路面车辆位置控制信息应包含车辆类型(如大型客车、中型客车、小型客车、越野车、大型货车、中型货车等)、大小、位置、水平朝向、自身翻转角(用于体现车辆侧翻的状态)、所处桥段(桥梁/隧道)等具体字段,由系统实时从智联平台中获取控制信息,并通过控制接口模块,自动将预设的相应车辆模型加载到虚拟现实环境中,并实时调整车辆位置、朝向等调整至准确状态,使决策者直观、全面地了解现场情况(图8.4-7)。

图8.4-7　路面车辆位置控制可视化

每一组路面车辆位置控制信息需要在智联平台数据库中形成一组单独的记录,在虚拟现实环境中作为车辆对象的位置控制使用(不对路面车辆位置控制信息作为单独对象进行管理)。

8.5　本章小结

为了实现物理大桥到"数字化交通基础设施"的孪生,信息模型类标准对信息模型的实践流程,数据的传递、存储、交换格式,以及模型的交付内容、节点、深度、应用模式进行了规定,可以实现对工程数据和信息的详尽表达和有效传递,有利于实现信息建模技术与云技术、大数据、物联网、GIS等技术的集成应用,形成可复制的推广经验,从而促进跨海桥梁工程信息模型技术的应用和推广,推进交通基础设施的信息化和可持续发展。

CHAPTER 9 | 第 9 章

结论与展望

通过建立桥岛隧智能运维数据标准，我们能够科学化、标准化及模块化组织跨海集群工程、运维业务、智能装备等多源、多维、异构的信息要素。这一系列标准不仅形成了从"物理大桥"到"数字大桥"的数字化映射，还解决了数字孪生和大数据驱动下的智能算法和运维决策问题。这样的标准化工作既适应了跨海集群基础设施数字化与智能化近期发展的需要，也为其长远发展提供了必要的、超前性的数据标准。同时，这些标准也为交通行业各专业系统数字化与智能化标准的编制和修订提供了指导，明确了跨海集群基础设施数字化与智能化标准建设的发展方向，为基础性开发和信息资源共享提供了保证。

展望未来，桥岛隧智能运维数据标准体系建设将继续发挥其为国家质量基础（NQI）添砖加瓦的作用，并将在港珠澳大桥新基建、深中智慧通道等更多项目中实施应用，为粤港澳大湾区乃至全国交通基础设施智能运维提供更广泛的标准支撑。同时，我们还将积极推动运维新技术、新材料、新装备等科研成果的产业化高质量发展，进一步提升我国跨海集群智能运维技术水平和国际影响力。

此外，本书针对斜拉桥、梁桥、沉管隧道、人工岛以及交通工程设施等类型交通基础设施的运维期数据的标准化工作只是一个开始。未来，我们将基于现有数据标准内容，继续拓展标准化范围至其他类型桥梁、隧道、岛屿以及道路等交通基础设施类型，推动其智能化运维数据和交通基础设施设计期、施工期的数据实现标准化。通过不断完善的标准体系，我们将为交通行业各信息网络的开发和信息资源共享提供更全面、更有效的支持，为实现更高效、更智能的交通基础设施管理和运营奠定坚实基础。

参考文献

[1] 中国标准化研究院.标准体系构建原则和要求:GB/T 13016—2018[S].北京:中国标准出版社,2018.

[2] 交通运输部公路局.公路工程标准体系:JTG 1001—2017[S].北京:人民交通出版社股份有限公司,2017.

[3] 景强,郑顺潮,梁鹏,等.港珠澳大桥智能化运维技术与工程实践[J].中国公路学报,2023,36(6):143-156.

[4] 中华人民共和国交通运输部.公路桥梁结构监测技术规范:JT/T 1037—2022[S].北京:人民交通出版社股份有限公司,2022.

[5] 中国标准研究中心.信息分类和编码的基本原则与方法:GB/T 7027—2002[S].北京:中国标准出版社,2003.

[6] 中国建筑科学研究院.建筑信息模型应用统一标准:GB/T 51212—2016[S].北京:中国建筑工业出版社,2016.

[7] 王建伟,高超,董是,等.道路基础设施数字化研究进展与展望[J].中国公路学报,2020,33(11):101-124.

[8] 陈湘生,付艳斌,陈曦,等.地下空间施工技术进展及数智化技术现状[J].中国公路学报,2022,35(1):1-12.

[9] 张贵忠,赵维刚,张浩.沪通长江大桥数字化运维系统的设计研发[J].铁道学报,2019,41(05):16-26.

[10] 韩冬辰.面向数字孪生建筑的"信息-物理"交互策略研究[D].北京:清华大学,2020.

[11] 伍曼,孔蕊.探索智能化运维新路径、提升精细化运维管理水平——2018年商业银行IT运维管理策略研讨会成功召开[J].中国金融电脑,2018(09):88-92.

[12] 贺拴海,王安华,朱钊,等.公路桥梁智能检测技术研究进展[J].中国公路学报,2021,34(12):12-24.

索 引

B

标准体系 standard system …………………………………………… 4

Q

桥岛隧 brige island tunnel …………………………………………… 4

S

数据表达 data expression …………………………………………… 13

X

协同互联 cooperative interconnection ……………………………… 3

Z

智能运维 intelligent operation and maintenance …………………… 4